相性は脳で決まる

仕事における人との相性を
脳からみて
改善していく方法

左脳・右脳
×
2次元・3次元

篠浦伸禎
都立駒込病院脳神経外科部長

はじめに

かつての流行歌ではありませんが、人はひとりでは生きていけません。それは、ほとんどの人にとって異論のないことでしょう。

人間とは、集団をつくり、その中で様々な役割を果たすことで他人と共存し、進歩してきた生き物であるともいえます。

そのような人間にとって、周囲との人間関係が、生きていく上で最大の関心事のひとつであることは言をまちません。職場であれ、家庭であれ、人と長く顔を突き合わせる場合、人間関係が喜びのもとにもストレスの原因にもなります。

関係が楽しいか苦痛かは、相手と自分のいわゆる〝相性〟が大きく関わってきます。

どのようにすれば相性の悪い人からストレスを受けずに済むか、あるいは、関係を改善できるかは、脳外科医である私が、よく患者さんから相談を受ける問題です。また、人間関係でうまく立ち回れない私のような人間が、個人的に昔から考え続けてきた問題でもあります。

特に仕事における人間関係は、うつ病などの精神疾患やがんなどの病気に結びつく可能性があり、医者として見逃せない問題です。

仕事上の人間の相性には、ある種の法則性が存在すると私は感じています。利害で結びついている人同士には、相性があるといえるようです。

例として、ある企業の不祥事をあげます。バブルの崩壊で生じた投資の損失を、代々の社長が不正な手段を使って隠匿してきた事件がありました。報道では、隠匿に関わった人たちの裁判において、元社長と部下である金庫番が、お互いに罪をなすりつけ合って対立しているようでした。ふたりは結局、利害で結びついていただけだったのでしょう。

自分の得になるかどうかしか考えていない人同士であれば、罪をなすりつけ合うのは、珍しい話ではありません。起こるべくして起こっていることであり、人間関係としてはきわめて見苦しい、最低レベルのものです。利害にしか興味がない人同士の相性は、状況が悪くなるとすぐに反目するという意味で、かなり悪いといっていいでしょう。

一方、テレビドラマ『八重の桜』（２０１３年）で描かれているように、幕末の会津藩士は人間関係がきわめて濃密でした。殿様や故郷の人々のためなら喜んで命を落とす、という気持ちがある侍やその家族が多く存在していました。

これは、常に人のためを思う「仁」の気持ちと「ならぬことはならぬ」という「義」を重んじる会津藩の教育の賜物でしょう。人間関係としては非常に美しく、最高レベルともいえます。こういう人たちは、自分が不利になっても相手を助けようとするので、相性はきわめていいということになります。


自分の利益が主体の人たちと、仁と義が主体の人たち。これらの例をみると、脳の使い方が、長い目で見た相性と深く関わっている、ということになります。

「仕事における人間の相性は、相手と自分の脳の使い方から法則性をもって導き出すことが可能であろう」ということが、ひとつの仮説として成り立つことになります。


人は本来、脳を使いたがっているものです。自分の脳を自由に使うことを抑制されると強い不快感を抱くようになります。それは基本的な生理現象といってもいいでしょう。

過去に書いた本『どんどん脳を使う』でも述べましたが、脳の使い方は、人により特有のパターンがあります。たとえば、道を歩いていて石につまずいた場合、動物脳主体（後述）の人であれ他の人がケガをしてはいけないので石をどけよう」と思うでしょう。

もし私が誰かと一緒にいい仕事をしたいと考えていて、人と並んで歩いて反応を見たとします。石があるのが悪いと怒る人であれば、「この人は何か悪いことがあったときに、必ず他人のせいにするに違いない」と、一緒に仕事をする気をなくすでしょう。根底にあるのは「この人と仕事をしても、状況が不利になると人を裏切るようなことを平気でしでかし、いい仕事をしたいと思っている自分にマイナスに働くだろう」という判断です。結果として、私とその人は相性が悪いということになります。

一方、他人のために石をどけようとする相手に対しては、「この人は信用できるので一緒に仕事をしたい」と思うでしょう。根底にあるのは「厳しい状況になっても協力して苦境を打開できそうなので、私にプラスに働くだろう」という判断です。ですから、私とその人は相性がいいということになります。

端的にいってしまえば、相手特有の脳の使い方が私の脳の使い方にプラスになるかどうかが、相性と関係することになります。

「いい仕事をしたい」という強い気持ちがある人は、組む人を選ぶ際に、相手の人間性、別の言い方をすると、相手の脳の使い方が一番の判断材料となります。つまり、仕事における人間の相性は、結局のところ、相手と自分の脳の使い方の相性になるのです。

相手の脳の使い方は、仕事の重要な局面でもわかります。

先の例でいえば、不祥事の中心人物である元社長や金庫番は、自分に得になることをしようという意欲が強い、動物脳主体の脳の使い方をしていたため、そのエネルギーによって出世したわけです。

不祥事を隠して会社から利益を得ようとするときは、お互い動物脳に快感があるので手を結びます。しかし、それが表沙汰になって、もう利益が得られないとなると、動物脳が不快に感じるので、罪をなすりつけ合い、自分だけが助かろうとします。

何かにつまずくと、つまずかせたものが悪いと思う動物脳主体の人同士は、状況がいいときは仲がよく見えます。しかし、状況が悪くなるとすぐに破綻する、相性が悪い人間関係です。

会津藩士であれば、助け合おうとするため、厳しい状況になっても罪のなすりつけ合いをすることはまずないでしょう。むしろ、自分ひとりで罪を背負い、言い訳をせずに、必要とあらば切腹をする人がほとんどでしょう。

相手を思う気持ちが、困難な問題に直面しても団結していい仕事をしようとする原動力となります。このような相性のいい関係は、相手のことを常に考え、役に立とうとする「仁」の脳の使い方が、根底にあるといっていいでしょう。


以上は極端な例かもしれませんが、日常生活でも長く顔を突き合わせる間柄になると、脳の使い方が相性に関係してきます。

たとえば夫婦においても、仕事と家庭のこと、子供の進学のことなどについて様々な判断をする必要があります。人生の局面で、自分が重要だと思っている事項に関して、到底受け入れられない判断を相手が頻繁にすると、気分のいいものではなく、お互いに相性が悪いということになります。しかし、たとえ自分にはない見方であっても、事態が好転する判断をしてもらえると、次第に信頼感が増すので、相性はいいということになります。

「人間の相性は脳の使い方の相性」と述べましたが、さらにいえば、「長い目で見て相手特有の脳の使い方が自分特有の脳の使い方を活性化するかどうかにかかっている」といってもいいでしょう。脳を使いたがっている自分に、相手の脳の使い方が長い目で見てプラスになると判断できば相性はよくなるし、マイナスならば相性は悪くなるはずです。

私は、人間同士が本当の意味でお互いを理解するというのは幻想にすぎない、と考えています。脳の働きは複雑で、他人の脳の使い方は簡単にわかるものではありません。

そういう前提で、相性のいい人を考えると、自分の根底をなす脳の使い方と方向性が一致した脳の使い方をする人、となるのではないでしょうか。

「士は己を知るものの為に死す」という言葉が『史記』にあります。「士は己を理解してくれるもののためには死んでもいいと思っている」という意味ですが、これは「己のすべてを理解している人のために……」という意味ではなくて、「己が一番大事にしている、根底にある脳の使い方に、相手の脳が共鳴している、そういう人のためであれば死んでもいい」という意味だと私はとらえています。

西郷隆盛と薩摩武士団の人間関係は、まさしくこの言葉の通りではないかと感じます。西郷の長所は、人間関係を大切にし、相手のプラスになるようにとことん尽くすことです。薩摩武士団もそのような気風が強く、「自分の根底にある脳の原動力と、尊敬する西郷の脳の使い方の根底にあるものが一致している」という喜びで、彼にどこまでもついていったのではないかと私は推測しています。

やはり傑物である大久保利通に薩摩武士がなびかなかったのは、脳の使い方の根底が両者で違うためだと考えられます。


一方、「君子の交わりは淡きこと水のごとし」という言葉が『荘子』にあります。

ホンダの創業者である本田宗一郎とソニーの創業者である井深大の友情も、そのような関係ではないかと思います。彼らは一緒に仕事をしたことはありませんが、一度会って以来、お互いを認め尊敬し合う関係になりました。ベタベタはしていませんが、お互いの存在が生きていく励みになっていたことでしょう。


このように、相性がいいということは、自分の脳の使い方の根底にあるものと相手の脳の使い方の根底にあるものの方向性が一致しているかどうかにかかっている、と私は考えています。

相性の悪い人間関係は容易にわかります。時間が経つとすぐに破綻する関係であり、ふたつの大きな原因があります。

ひとつは、自分自身の問題です。動物脳主体の人間であれば、どのような人に対しても破綻しやすい人間関係となります。つまり、動物脳主体の人はすべての人に対して相性が悪いことになります。

もうひとつは、それぞれ人間として優れていながら、物事を判断するときの結論があまりに違いすぎることです。両者の脳の使い方が優れていても、全く違う結論を出す使い方をする人同士であれば、一緒に仕事をすればするほど、相性の悪さがわかってきます。そして、次第に離れていくことになります。

大久保利通と西郷隆盛がそのような関係といっていいでしょう。おそらく前者は論理にもとづき、後者は人間関係にもとづいて物事を判断したので、深く信頼し合っているにもかかわらず、厳しい問題になると意見が衝突し、袂を分かたざるを得ませんでした。

仕事における人間の相性を考える際は、仕事を成功させるという目的をもった人間同士という観点が必要となります。家庭などと違い、はっきりとした目的があるだけに、たとえ相性が悪くても、仕事を成功させるために、相性を改善する努力が求められます。

たとえば、織田信長の下には、彼の苛烈な性格にもかかわらず、有能な武将が集まりました。

それは、彼が部下の能力をとことん引き出したからでしょう。変な情実にとらわれず、結果のみを評価するので、有能な武将にとっては恐ろしい反面、働き甲斐があるのです。信長に仕えるにはある程度相性がよくないと駄目でしょうが、相性が多少悪くても、成果を出すために少しでもよくしようとする者、たとえば草履をふところで温める豊臣秀吉のような家臣は伸びていきました。

仕事において相性は大切ですが、それを乗り越えて目的に向かっていかなければ、強い集団はつくれませんし、自分も前進することはできません。

この本では、第1章でまず、脳の使い方にはどのようなタイプがあるのかを説明します。それをもとにして、第2章では、人の相性に関する原則を述べます。第3章は、脳のタイプ別の相性に関する各論です。第4章では、相性が悪い場合にどのようにすれば改善できるかを述べます。相性をすばらしくよくするのは困難ですが、たとえうまく改善できなくても、努力の結果として、少なくとも自分の脳の使い方は改善できることが、おわかりになるかと思います。最後に第5章では、カウンセリングにおいて脳テストが役立った実例を紹介します。

これからくわしく述べるように、相性がいい組み合わせは決して多くはありません。『論語』には人間関係に関する多くの言葉があり、たとえば「ただ仁者のみ、よく人を好み、よく人を悪む」という言葉があります。「仁者という一番人間関係に優れていると思われる人でさえ、相性の悪い人はいる」ということです。我々がふだんの人間関係で、事を荒立てないようにある程度妥協していますが、仁者は生き方に確信があり、人への評価がはっきりしている分、人間関係にメリハリがあるといってもいいでしょう。

このような言葉にふれると、すべての人と相性をよくしようという考え、いい人と思われようという考えは、じつは自分の保身のために妥協しているだけなのではないかと考えてしまいます。かといって、相性が悪い人と事を荒立てれば、仕事において様々な不都合が生じます。

相性が悪い場合には、自分の脳の使い方を改善したり、相性の悪さから陥りやすい問題点を未然に防いだりするような、大人の対応が必要でしょう。その羅針盤として、この本が少しでも役立てば、これに勝る喜びはありません。

第5章 「脳を活性化する会」での実例

第1章

脳の使い方とは

脳テスト

本章では、まず、脳の使い方について説明します。

脳の外側には「人間脳」があります。人間脳は、医学的にいうと大脳新皮質にあたり、文字通り、人間で一番発達している、人を人たらしめている脳です。それを左右とふたつの次元で4タイプに分けることができます。次元は、やや理解が難しい概念ですが、場所でいうと、上（3次元）と下（2次元）があります。

脳の内側には「動物脳」と、それをコントロールして脳全体を働かせようとする「自我」があります。動物脳は、医学的にいうと大脳辺縁系といい、自律神経や記憶など、自分の身を守るため、死なないための動物的な機能をもちます。そして、脳全体を働かせることに対しては、プラスの面とマイナスの面があります。動物脳と人間脳の間にある自我は、ときにマイナスに働く動物脳をコントロールして、状況に応じて人間脳を適切に働かせる〝脳の司令塔〟といってもいいものです。

脳の使い方についての詳細は、拙書『どんどん脳を使う』を、脳科学的な根拠については拙書『人生に勝つ脳』を参照にしていただければ幸いです。ここでは「脳テスト」の結果をどう解釈するかを中心にまとめてみます。

脳テストとは、正確には「脳優位スタイルテスト」といい、自分がどのような脳の使い方をしているかがわかるテストです。これは私も参加している「脳を活性化する会」が独自に開発したもので、すでに多くの人に受けていただきました。おかげさまで、「すごく当たっている」「これからの生き方の方向性がわかった」など、好意的な評価をいただいています。

まだこのテストを受けたことがないかたは、ぜひ次の要領で自分の脳タイプを確かめてみてください。4つの脳タイプの中で点数が高いものが、自分の脳の使い方で主体となります。

◆脳テストのやり方

まず本書の帯の裏側に印字してあるIDを確認してください。次に、インターネットの脳優位スタイルテストのサイト https://www.jibunlabo.jp/brain-t/ を開き、半角文字でIDとパスワード（PW）を入力します。その後指示に従って進み、60問の問いに答えてください。なお、このテストは、各IDにつき1回しかできないようになっています。

脳外科医である私は、カウンセリングにこの脳テストを利用すると人間関係を改善する効果があることを確信するようになりました。今まで相手を理解できず感情的になっていたものが、自分と相手の脳の使い方をテストで知ることにより、相手を冷静にみられるようになるということです。自分が冷静になると、相手にも伝わるためか、人間関係が改善されていきます。

これは、このテストが脳の使い方の真実をえぐり出し、受けた人を納得させる力があるためだと私は考えています。以前は「違和感がある、得体がしれない、理解できない」と思っていた相手について、発言や行動の背景にあるその人特有の脳の使い方を知ることによって、発言や行動が腑に落ちるようになり、相手に対して冷静になれます。

ですから、脳テストで自分と相手の脳の使い方を知ることは、お互いの相性を考え、改善するために大きな助けとなります。

人間脳の分け方

左右の脳の役割は、大雑把にいうと次のようになります。

〈1〉左脳・右脳

ほとんどの人の場合、左脳には言語に関する機能（会話を理解する、話す、字を書く、文字を読む）があります。その言語をもとにして、論理的な思考、計算、分析を行う領域もあり、左脳は自分の内に向かい、じっくりと物事に取り組み、解析し、文字に定着し、進歩につなげる機能を担います。

左脳は「質」を上げることに関わっている脳といえます。「理性」の脳といってもいいでしょう。

右脳は、人や物とぶつからないようにバランスをとる機能、感情的・情緒的な声の調子、絵画や音楽などの芸術的なものへの理解などに関係しています。さらに、他人の表情から感情をよむことにも関係しています。すなわち、外の世界や他人の情報を取り入れて、周囲とコミュニケーションをはかる機能があり、今現在進行している現実に対応するために、一瞬一瞬に集中する脳といえます。

右脳は、集中するエネルギーのような「量」を上げることに関わっていて、現実の中でも一番情報量の多い「人間関係」に関係する脳といってもいいでしょう。

以上のように、左脳と右脳の現実への関わり方は、全く違う面があります。ですから、左脳主体の人と右脳主体の人とでは、たとえば友人の発言が正しいかどうかを判断する場合の考え方が大きく異なります。

左脳主体の人は、自分の信じる真理に照らし合わせて、その判断が正しいかどうかを考えます。右脳主体の人は、その人が好きか嫌いかということが、判断に大きく影響を与えます。人間関係が考え方に大きく影響するので、好きであればすべてを認め、嫌いであれば「坊主憎けりゃ袈裟まで憎い」となる傾向が強いといえます。

〈2〉次元

脳の使い方は、情報量が少ないものから多いものに向かって「1次元・2次元・3次元」と定義できると私は考えています。

1次元は、一番情報量の少ない、基本的で単純な脳の使い方になります。サッカーでいうと、ちゃんと走れるか、ボールを思ったところに蹴れるかといった、基本的な技術に関わります。単純ではありますが、サッカーが上達するには必要な基礎にあたります。

2次元は、1次元より情報が増え、対象に接近した、顕微鏡的な脳の使い方になります。文学でいう〝虫の目〟です。

サッカーでは、試合のときに相手とボールを奪い合う局所戦で使う脳にあたります。相手をドリブルで抜くときは、1次元にあたる走力やボールを扱う基本技術を駆使するのは当然ですが、それにプラスして相手の動きを見極めて逆方向に動くなどして、ボールを奪われないようにします。これは相手を中心に多くの情報を処理しているので、2次元的な脳の使い方といえます。

2次元は、脳科学的には「腹側系」といって、大脳新皮質の下の方の回路になります。

3次元は、さらに情報量が増えた脳の使い方です。より多くの情報を処理するには、まず全体を俯瞰して、何が大事か、何が本質かを探り、優先順位の高いものから対処する必要があります。文学的にいうと〝鳥の目〟です。

サッカーでは、レベルの高い選手はフィールド全体を上空から見るような別の目をもっています。どこにパスを出すか、俯瞰して見ているわけです。相手チームの弱点をついたパスを出す選手は、相手中心の局所に張りついた目ではなく、自分を中心としてフィールド全体を見渡す目があり、より多くの情報を処理することが可能な3次元的な脳の使い方をしています。

3次元とは、自分が中心となり情報全体を俯瞰して、より価値のあるものに集中する情報処理といえます。脳科学的には「背側系」といって、大脳新皮質の上の方の回路になります。

次元を上げていくことで、脳をより進化させ、多くの情報を処理することが可能になります。

〈3〉 4種類の脳の使い方

左右と2次元・3次元を組み合わせると、人間脳の使い方を4種類に分けて的確に解析することが可能になります。それぞれの特徴をこれから説明していきます。

なお、1次元は脳の使い方の効率やレベルに関わります。また、人間脳はその後方に、情報を受ける受動的な働き、前方に、受けた情報をもとに判断・行動する能動的な働きがあります。これらについても、4種類の脳の使い方の中でふれていきます。

左脳３次元（合理脳）の特徴

左脳３次元は、自分を座標軸の中心にして、言葉を使い、長い時間が経っても通用するような、質を上げることに関わる脳の使い方です。何千年も前の出来事が、文字で残っていると現代でもわかるように、言語は時間の壁を越えるためにあるともいえます。

■左脳３次元のプラス面とマイナス面

○判断するとき、合理性を重視する。

物事を判断するときに、論理的に考え、合理性を重視します。そのため精度の高い判断を下すことができ、問題解決能力が高いといえます。ただし、人間関係を考慮せず、根回しも苦手なため、たとえ正しい判断をしてもまわりの人が動かないことがあります。特に日本人は人間関係を重視するため、左脳３次元を使うだけでは集団を統率するのは困難です。

○本質的なことにこだわり、質を上げようとする。

常に物事の本質は何かを考え、質を上げようとします。長い目で見ると着実に進歩していきますから、大器晩成型といってもいいでしょう。しかし、常に本質にこだわっていると、どうしても動き出しが鈍くなり、機敏ではなくなります。そのため、絶えず変化する現実に対応することが必要な忙しい職場では、最初は鈍重に見られ、評価が低いこともあります。

○志をもって社会貢献しようとする。

人生の質にもこだわるため、志をもって社会貢献するという、質の高い人生を送ろうとします。そのためにシステムを構築して、多くの人が目的に向かって効率的に参加できるよう、大きな社会変革を考えます。さらには、千年、二千年の長い時間にも耐えられるような質の高い仕事をすることをめざします。

■左脳3次元の特徴：冷静で論理的な言動

言動の特徴は、淡々と冷静に話す、話に起承転結があり論理的でわかりやすい、様々なことを言語化して書きとめようとする、本を読んだり書いたりするのが好きである、他人に言動が左右されない、人にレベルをつけレベルの高い人とだけ付き合うなど。論語の「己に如かざる者を友とすることなかれ」のタイプにあたります。

よく使う言葉は「なぜ」「どうして」「有用な」「効率的な」「何が大事か」「理に合わない」「本

質的ではない」「統計的には」などがあります。

歴史上の人物では、織田信長や大村益次郎がいます。本質を見極め、過去の情報から未来を予測し、偏った見方をせずにそのままの事象を表現するため、たとえ的を射ていても、右脳主体の人には冷たい印象をもたれやすいでしょう。たとえば、益次郎が医者をやっていたときに、夏場に患者から「暑いですね」といわれて「夏だからあたりまえです」というような返答をした例がそれにあたります。

右脳主体の人との人間関係を潤滑にするなら、まず相手をほめることで、相手が自分の言葉を受け入れやすい場の空気にして、本質をついた会話をするといいでしょう。

■左脳３次元が優先するキーワード

論理的、合理的、本質的、起承転結、先見性、システム、言語化、社会性、志、義、など。

■左脳３次元を動かすのにプラスに働く言動

明確で論理的に正しい話、本質をついた話、数値や統計を用いた客観性の高い話、誰でも簡単にできるようにシステムをつくる、長い時間に耐えるように質を上げる、など。

■左脳３次元を動かすのにマイナスに働く言動

目的が不明確で刹那的な言動、とりとめのない世間話、無意味な雑事、人に軽んじられること、芸術などの感覚的な話、など。

■左脳３次元に合う仕事

チームの責任者、進歩が必要な仕事、社会貢献を実感できる仕事、知識より智恵が必要な仕事。たとえば、作家、医師、前線の指揮官、など。

◆脳テストで左脳３次元主体の場合は？

動物脳のマイナスが比較的低く、左脳３次元の点数が高ければ高いほど、客観的に物事を観察してとらえる傾向があります。見たまま、聞いたまま、考えたままを言葉で表現しがちな点から、嘘をつくことがあまりない率直な人といえるでしょう。逆に、動物脳の点数が高い人は、智恵を使って自分の得になることをする傾向があります。そのような人が嘘をつくときは、意図があり、巧妙で計画的で、これは知能犯に多い脳の使い方です。

左脳2次元（原理脳）の特徴

左脳2次元は、限定された言葉を座標軸の中心にして、時間を支配しようとする脳の使い方です。何が信念か、何にこだわるかがとても重要になります。選択肢や想像上の可能性の幅が非常に狭くなりやすいともいえます。

緻密な作業が得意なので、それを芸術面で発揮すれば、写実的な絵を描いたり、楽器を譜面通りに正確に弾いたりするのに優れた人が多いでしょう。しかし、その作品からは、感情豊かで自分の個性を表現するような情緒の深さは受けとりにくい面があります。

私のみるところ、左脳2次元主体の人には2種類います。思考停止して、自分の信念をもとに行動する人は、能動的でより攻撃性が高いといえます。一方、思考停止せずに、狭い範囲でとことん深く掘り下げる人は、本質を見る左脳3次元的な面もあり、技術などで社会を変革する礎になる人です。このタイプは1次元の脳を使うレベルも高いといえます。

いずれにしても、4つの脳タイプで人間関係は一番下手です。日本のようなゆるい社会には合わないことも多く、社会でうまく生き抜くためのマニュアルとして、論語などの人間学を勉強し実践する必要があるでしょう。

■左脳2次元のプラス面とマイナス面

○判断するとき原理を重視する。

物事を判断するときに、自分の信じている原理（信念、主義、宗教等）を重視します。そのため判断がぶれることがなく、持続的で強い行動力に結びつきます。ただし、自分の信じている原理が現実に合わないと、攻撃的になりがちで、自分にも周囲の人にも、厳しい結果を引き起こすこともあります。

○原理を中心に人生を生きる。

常に自分の信じている原理・理念にもとづいて生活するため、勤勉で粘り強く、ぶれずに物事に取り組むことができます。そのため、その分野で余人の及ばないスペシャリストになる可能性があります。しかし、現実に柔軟に対応しないため、情勢が変化して自分の信じる原理に現実が合わなくなって、結果が出せなくなったり、状況が厳しくなったりすると、自分の原理に共感しない人に対して攻撃的になることもあります。

○信念をもって人生を生きる。

自分の信念にこだわることは、時代を切り開く先駆けとなる可能性があります。信念に従って行動した結果が社会の役に立てば、社会を大きく変えるきっかけになります。たとえ成果がなく倒れても、その信念と行動は社会に何らかの影響を与えるでしょう。

■左脳2次元の特徴：確信をもった言動

言動の特徴は、確信をもって話す、話の内容の根底に原理がある、厳密である、自分の信じることに関して情報量が多い、管理的・闘争的な面がある、など。

よく使う言葉は「結論からいうと」「理由は」「確認してください」「許されない」「いいかげんなやつ」「前例がない」「規則です」などがあります。

典型的な行動は、自分の信念にもとづいて世の中を変えていこうとすることです。

歴史上の人物であれば、石田三成や吉田松陰、ジャンヌ・ダルクです。司馬遼太郎は「革命は思想家（吉田松陰）、実践家（高杉晋作）、技術者（大村益次郎）の順に登場する」と書いていました。松陰の言葉に「かくすればかくなるものと知りながらやむにやまれぬ大和魂」というのがあります。松陰は強烈な信念と行動力をもっており、左脳3次元の本質をみる力や右脳2次元の情も強い人でしたが、それを推し進めるエンジンとして、左脳2次元の脳の使い方が主体だったのではないかと私は考えています。

■左脳2次元が優先するキーワード

豊富な知識、計画、勤勉、規則、前例、約束、整理整頓、研究、資格、信念、善悪、選択肢を限定、など。

■左脳2次元を動かすのにプラスに働く言動

規則、前例にのっとった話、信念に沿った話、勤勉で働き者、厳密な言動、ひとつのことを深く掘り下げる言動、など。

■左脳2次元にマイナスに働く言動

他人にペースを乱される、いい加減で計画的でない言動、ベタベタした人間関係、信念を軽んじられる、約束を破られる、など。

■左脳2次元に向いた仕事

経理組織管理、資格を生かせる仕事、情報が多い仕事、収入が安定した仕事。例をあげると、研究者、職人、公務員、IT関連の仕事、歯科技工士、伝統工芸師、参謀、など。

◆脳テストで左脳2次元主体の場合は？
左脳という客観的な面があるので、一見穏やかそうに見えますが、動物脳マイナスが高いと、攻撃的になる面があります。ストレスを与える相手に対して、自己の信念に基づいた論法で激しく攻撃する傾向があるため、動物脳を常に低くしておく必要があります。

右脳3次元（拡張脳）の特徴

右脳3次元は、自分を座標軸の中心において、空間を支配しようとする、もしくは空間にとけ込もうとする脳の使い方です。

■右脳3次元のプラス面とマイナス面
○判断するとき拡張性を重視する。
物事を判断するときに、自分の体をできるだけ使って行動し、自分が関わる人間や空間の範囲を広げることを重視します。そのため新奇性や独創性があり、まわりの人を巻き込むエネルギーがあふれています。ただし、最初は調子がいいものの、範囲を広げすぎて質が落ち、最後に競争に負けることも多々あります。

○現実の空間に注意を向け、量を上げようとする。

常に現実の中で周囲の空間に注意を向け、少しでも自分の関わる範囲（仕事の数・量）を広げようとします。そのため行動が機敏で決断も早く、厳しい環境を跳ね返す動物的なエネルギーがあります。しかし、特に能動的なタイプは、量を追求して周囲から注目を浴びることがモチベーションとなるため、周囲と摩擦を起こし孤立することもあります。

○情熱をもって行動する。

量や空間を広げることにこだわり行動することは、周囲にその情熱が伝播して、結果的に社会が変わることにつながります。たとえ失敗しても悪気がないので、陰惨な印象がありません。ただし、自分が明るく元気であることが大事なので、自分のいい面を誇張し、悪い面を忘れ、現実を直視しないことがあります。議論するのはあまり好きではなく、面倒なことが嫌いで、無責任になることもあります。

■右脳3次元の特徴：言動は明るく活動的

言動に関しては、ユーモアがあり、こだわりがなく、おおらかで明るく、声高に話す傾向があります。また、議論が苦手でせっかちで、考えるより先に根拠がない行動をとることがあり、結果が悪くてもそれをすぐに忘れます。友人関係は、どんな人に対しても平等で分け隔てがなく、広く浅い関係になりがちです。周囲の状況に応じて動くので、言動が終始一貫しないことが多々ありますが、本人には罪の意識がないようです。

よく使う言葉は「すごい」「絶対に」「一度も失敗がない」「世界初」「簡単」「二度とやりません」「臨機応変に」「とりあえず」などです。

右脳3次元主体で能動的なタイプの典型的な行動は、周囲の人を力で圧倒して、自分がカリスマとして注目されようとします。

歴史上の人物であれば、ナポレオンです。彼の有名な言葉「余の辞書に不可能はない」は、右脳3次元主体の人が、人生がうまくいっているときに感じる全能感を表している言葉だと私は感じています。

■右脳3次元が優先するキーワード
元気、行動的、即断即決、独創的、新奇性、量が多い、注目される、拡張、情熱、ユーモア、など。

■右脳3次元を動かすのにプラスに働く言動
称賛される、選択肢が多い、すぐに対応する、どんどん範囲を広げる言動、明るく元気な言動、新しいことに取り組む、数多くやれば多少の失敗は許す、など。

■右脳3次元にマイナスに働く言動
否定される、じっと我慢する、集団の中で役割を果たす、理屈で攻められる、人並み以上に働いていることを称賛されない、理屈だけで行動が伴わない、など。

■右脳3次元に向いている仕事
企画開発の仕事、人前で表現する仕事、規則に縛られない仕事。たとえば、営業職、冒険家、俳優、ネットワークビジネス、レポーターなどがあります。

◆脳テストで右脳3次元が主体の場合は？

右脳3次元が主体の人は2種類いると私は考えています。今まで述べてきたのは、能動的で空間を支配しようとするタイプで、元気がよく、情熱的でエネルギーがあります。極めてポジティブで、物事にこだわらず選択肢が多く、冗談やユーモアで場の雰囲気を一気に明るくする太陽のような存在になります。自分のいる場（空間）を支配しようとしますが、本質的なこだわりがありません。すべてが広くて浅く、知識に関しても、雑学はありますが、専門性は追求しません。人間関係においては、友人が非常に多いため、それぞれに費やす時間が短くなるため、関係が浅くなりがちです。

ただし、動物脳マイナスが高く、劣等感が強いと、攻撃的になる面もあります。これは、自己防衛としての反応であり、左脳2次元主体の人ほど攻撃的になることはなく、どこかで逃げようとします。このような右脳3次元主体で能動的なタイプは、一カ所に定住するより、全国を飛び回って仕事をするといいでしょう。全国に支店をもつ会社では、マンネリ化した支店に送り込むと、社内の空気に旋風を巻き起こす起爆剤になるでしょう。また発想力があるので、会社が行き詰まったときなど、思いもつかない発想と行動力で危機を救うことがあります。このような存在は真面目な日本では軽率に思われるかもしれませんが、貴重な人材になります。お笑いが流行り、スポーツ選手が活躍するのも、人々の無意識にある右脳3次元を求める要求が現実化されているため、という見方もできます。うつ病が蔓延している日本社会に、笑いと元気を降り注ぐ重要な役割になります。

さて、もうひとつの右脳3次元主体として、あまり多くはありませんが、動物脳マイナスが低く、人間脳が高いタイプがあります。穏やかで受動的であり、人を喜ばせることで、まわりの空間にとけ込もうとします。まわりの空間を主体にして使う脳の使い方ですが、空間を支配するというよりは、一員としてとけ込むことに喜びを見出すタイプといえます。一見、右脳2次元主体の人と似ていますが、右脳2次元主体の人は癒し、右脳3次元主体の人は喜ばせる、という違いがあります。スポーツや音楽をやっている人に多く、爽やかな風のようなイメージといっていいでしょう。

右脳2次元（温情脳）の特徴

右脳2次元は、相手を座標軸の中心において、空間を支配しようとする脳の使い方です。

■右脳2次元のプラス面とマイナス面

○判断するとき人間関係を重視する。

物事を判断するときに、その判断が相手にとっていいかどうかを重視します。そのため特に日本の社会では、まわりに人が集まり、人を動かすことができます。しかし、判断が正しいかどうかではなく、相手の気持ちを重視するので、自分の意見をはっきり主張することができません。結果として、狭い集団では摩擦を避けることができますが、広い範囲では（特に世界に対して）通用しないことがあります。

○濃密な人間関係を構築しようとする。

常に相手のことを考え、喜ばせようとします。そのため相手が損得抜きで動いてくれるようになり、絆の強い集団をつくることができます。ただし、相手に合わせすぎて合理性を失うと、結果的に周囲の人に迷惑をかけます。しつこく、恨みっぽく、お節介になり、相手の顔や空気をよんで嘘をつくことにもなります。

○感謝をもって集団に貢献する。

人間関係にこだわることは、相手への感謝をもって集団の絆が強くすることにつながります。

ですから、士気を上げるムードメーカーになり、派手ではなくとも、その集団に欠かせない人になります。

■右脳2次元の特徴：情のある言動

言動の特徴は、情を込めて話す、場の雰囲気や相手の気持ちを直感的に掴む、繊細である、細やかな配慮で相手を世話する、人を惹きつけるなどです。

よく使う言葉としては「ありがとう」「すみません」「感謝します」「よくやっている」「すばらしい」「かわいそう」「大変そう」などがあります。

典型的な行動は、人と損得抜きの深い関係を築くことで強い集団をつくり、世の中を変えていこうとすることです。

歴史上の人物であれば、西郷隆盛。近いところでいうと、歌手の三波春夫が右脳2次元主体のように思われます。彼の「お客様は神様です」というフレーズは、シベリア抑留時代に悟った「歌は聞き手を喜ばせるためにある」という歌手としての原点を感じさせる言葉です。

■右脳2次元が優先するキーワード

人間関係、仁、献身、慈悲、世話好き、空気をよむ、芸術、子供、繊細、喜び、感謝、平和、相手中心、ムードメーカー、など。

■右脳２次元を動かすのにプラスに働く言動

他人を支えていることを認める、気遣いをする、深い人間関係を築く、感謝する、感情に訴える、など。

■右脳２次元にマイナスに働く言動

攻撃的な言動、不安を与える言動、否定的な言動、自分の感覚を理解されない、実行困難な課題を背負わせる、など。

■右脳２次元に向いた仕事

美と健康に関する仕事、人に教える仕事、細やかな配慮が必要な仕事。たとえば、町内や職場の相談役、教師、カウンセラー、医療関係、芸術家、美容師、など。

◆脳テストで右脳2次元が主体の場合は？

番町皿屋敷のお岩さんのような側面をもつ、奉仕の人といえます。相手が癒され喜んでいる姿が、自己充実感や自尊心を高めることにつながります。相手が自分の期待通りに喜んでくれるまで、とことん追求して、自分を無にしてでも、時間も何もかも相手のために捧げることができる人です。ただし、相手が中心のため、自分の意見を強引に貫いたり、率先して何か行動を起こすことは苦手といえます。特に人間脳が低い人は、相手が喜ばなければ自分の力不足だと自己否定し、自信喪失することがあります。

人間学を人から学び、質の高い人間脳をもつことで、社会貢献する偉大な人物になる可能性があります。

動物脳

〈1〉動物脳は保身に役立つ

本章の最初の方で述べた通り、大脳の内側に、動物的な機能をもつ「動物脳」があります。動物脳は、端的にいえば、自分の身を死なないように守るためにあります。

動物脳の真ん中にある「視床下部」は、自律神経の中枢であり、体（体温、血圧など）を定常状態に保つとともに、体を維持するための食欲、種族を維持するための性欲などの本能にも関わります。

動物脳の前方にある「側坐核」は、ドーパミンを分泌する「報酬系」の中心的な役割を果たしています。報酬系とは、快感や喜びから何かを積極的に行うことに関係しています。おいしいものを食べたいとか、素敵な異性と結婚したいといった欲望は、報酬系が関係しています。

一方、不安感に関わる「扁桃体」は、動物脳の側方にあり、これにはノルアドレナリンが関わっています。不安感があるから、人間は自分の身を守るために注意深く行動するようになるのです。

さらに、その近傍にある「海馬」は、記憶に大きな役割を果たしており、動物であれば敵や獲物を記憶するといった、やはり自分の身を守ることにも関わっています。認知症になり海馬の機能が落ちると、その先長くは生きられません。

〈2〉動物脳にはプラスとマイナスの面がある

食欲や性欲などの本能は、動物脳にある報酬系を活性化して、人が何かを行うための強い原動力となります。ただし、これも程度問題です。欲望を追求するのが適度であれば、脳にとってプラスに働き、人生を豊かにできます。たとえば、終戦直後の日本は、おいしいものを食べたいという欲が人々の原動力になり、復興に結びついた面があるでしょう。欲がストレートに原動力になったといいえます。

しかし、報酬系の快感に溺れると、脳にとってはマイナスに働きます。お酒、恋愛、麻薬などの依存症においては、側坐核が過剰に働いていることがわかってきました。人は往々にして過剰な快感を求めがちになり、それが人生の様々な問題を引き起こしています。

不安感に関わる扁桃体も同様です。適度の不安感は人を動かす原動力になり、自分を弱いと思っている人は、生き残るために細心の注意を払い、努力をするものです。不安感が全くない人間は、自分の身を守ることができません。しかし、これが過剰に働くと、神経症のような病気になり、活動することが困難になります。

このように動物脳が働くことには厄介な問題がありますが、働かないと、脳にとってはるかに大きなマイナスになります。動物脳に脳腫瘍があると、人間脳に脳腫瘍があるのとは比較できないほど症状が重くなることを、我々脳外科医は経験から確認しています。

動物脳が適度に働くことが、脳にプラスになる一方で、過剰に反応したり、逆に機能が低下したりすると、脳が正常に活動しなくなり、果ては様々な脳の病気につながることもあるということです。

〈3〉 動物脳が人間脳の４タイプと結びついた場合

動物脳を主体に使っている人は、自分の保身しか考えていない人です。このような人が、自分が生き延びるための武器として人間脳を使ったらどうなるでしょうか。４つの脳タイプそれぞれについて述べてみます。

●動物脳＋左脳３次元

悪智恵が働き、お金をためて、自分の快楽を求めるタイプになるでしょう。たとえば、アメリカのウォール街で「貪欲」といわれる投資家のように、知的な武器を最大限に使って、お金儲けをしようとします。自分のふところに大金が入ることによって、他の人が貧しくなったり破綻したりしても、「それは彼らに智恵がないだけだ」と開き直ります。

●動物脳＋左脳２次元

自分が信じ、自分の得になる狭い原理にしがみつき、そこから出られない人になります。過去の例では「自分の民族が世界で一番優れている」などと考える原理主義、全体主義的な人たちが、優越感を保つために、目障りな他民族に対して攻撃的になりました。

●動物脳＋右脳３次元

声がかん高く威圧的になり、自分がこの空間で一番偉い存在でないと気が済まなくなります。一代で財を築きあげた人によくみられるタイプです。しかし、最終的には範囲を広げすぎて質が低下し、時代についていけなくなったり、男女関係に溺れて、破綻したりすることがよくあります。

●動物脳＋右脳2次元

相手をがんじがらめに縛り、逃げ出せないような行為に及ぶようになります。今、一部の母親が子供に密着して自立を阻害していることが社会問題となっています。一見、愛情からのようでも、子供の成長を妨げていて、真の愛情からとはいえません。母親自身の孤独感からくる不安感が背景にあり、右脳2次元と動物脳が結びついたせいだと私は考えています。

このように、人間脳の4つのタイプも、人間脳主体か動物脳主体かで、コインの裏表のように、長所がそのまま短所になってしまうところが、脳の恐ろしいところだといえます。

自我とストレス耐性

〈1〉 自我と動物脳、人間脳の関係

先ほど述べたように、動物脳は自己保身の傾向がきわめて強いのですが、適切に使われれば、脳の発達を促す強い原動力になります。適度の欲望が進歩につながります。

一方、動物脳を包み込むように存在する人間脳は、動物脳のコントロールが効かないと、働きが低下することが往々にしてあります。世の中には欲望に目がくらんでまともな判断ができなくなっている人や、自己保身が強すぎて他人と協調できない人がたくさんいます。これは、動物脳の回路が強く働きすぎて、人間脳がまともに働いていない状態です。

論語にある「文質彬彬として然るのち君子なり」という言葉。これは「生まれ持った素質（質）と、生まれてから学習した学問（文）のバランスがとれているのが君子である」という意味です。動物脳と人間脳がそれぞれしっかり働いて、バランスをとる重要性に通じます。

脳のバランスをとっているのが、動物脳と人間脳の間にある自我です。自我は脳の司令塔といってもよく、大きな役割のひとつは、動物脳をコントロールして、人間脳を状況に応じて適切に働

かせることです。
自我が強くてしなやかに働き、人間脳も動物脳も適切に使っている人は、君子といっていいでしょう。

〈2〉ストレス耐性とは

脳をうまく働かせるには、自我が動物脳をコントロールしなければなりません。しかし、ストレスにさらされ続けると、動物脳が活性化され、バランスを崩しやすくなります。ストレスで強く活性化された動物脳にも対抗できるように、自我は強くてしなやかに働かなければなりません。「自我が強い」とは、どんなストレスがあっても平常心を保ち、人間脳が使えることをいいます。「自我がしなやかである」とは、柔軟な姿勢で様々な手段を使い、ストレスを粘り強く乗り越えることをいいます。

つまり、自我が強くてしなやかであれば、ストレスへの耐性が強くなり、少々のストレスではへこたれなくなります。これが、脳がめざすべきゴールといっていいでしょう。

ストレス耐性を高めるには、３つの要素があります。

まず、動物脳のプラスが強いために、ストレス耐性が高いことがあります。これは、特に若い人に多いのですが、若いころは動物脳が強くてエネルギーがあるので、少々のストレスでもへこたれない強い動物脳の反発力があることと関係しています。動物脳の強さがストレスの強さを凌駕しているわけで、ある意味、幸福なことです。「若いころの苦労は買ってでもしろ」とは、「動物脳という脳のエンジンを、若いうちにストレスを受けて強くしろ」という意味になります。

しかし、年をとればどうしても動物脳のエネルギーが落ちるので、動物脳だけではストレスを乗り越えられなくなります。そこで、第2の要素として、人間脳のレベルを上げることが大事になります。人間脳のレベルが高いということは、ストレスを乗り越えるためにプラスに働く生き方を知っているということです。言い換えると、自分がどのような方向に進めば、脳をどんどん使えるようになるかを知っているということです。

すでに何度か引用してきましたが、論語は人間関係を重視する日本人にとって、長い目で見てストレスを避ける大きな指針となります。たとえば、「徳は孤ならず、必ず隣あり」という言葉があります。「徳のある人間は、決して孤独にはならず、真の友人が現れる」という意味です。現代に多い、孤独になるのを極端に恐れている若者には、重要な格言となるでしょう。

第3には、科学的に知ることです。拙書『驚異のホルミシス力』にも書きましたが、ストレスがあると、自分の中でそれを乗り越える遺伝子にスイッチが入り、ストレスがあるだけですでに脳のレベルが向上しているのです。レベルアップした脳の足を引っ張るのは動物脳です。ストレスがあると、動物脳が活性化して、気持ちが逃げたり切れたりしがちになり、せっかく向上している能力を生かしてストレスを解決しようとしなくなるのです。

しかし、ストレスですでに能力が向上している、という生物学上の事実を知るだけでも、気持ちが前向きになり、冷静に対処することが可能になるでしょう。ただし、知ることは必要条件にはなりますが、十分条件ではありません。どうするべきかを知った上で、場数を踏んで、パニックになることなく実行できなければなりません。

つまり、自我を強くしなやかにして、動物脳がストレスで逃げたり暴発したりしないようにコントロールして、人間脳が働きやすい状態にします。その上で人間脳を状況に応じて適切に使うことが大事になります。言い換えると、ストレスを乗り越えるだけの肝が据わっていなければなりません。これは、知っているだけでは駄目で、厳しい経験を経た者のみが獲得できる脳の使い方です。

なお、脳テストでは次の結果も出ます。「ストレス耐性」は自我が強くてしなやかかどうか、「人間脳」は人間脳のレベルにあたります。「動物脳」のプラスが高くてマイナスが低ければ、動物脳としてはいい状態といっていいでしょう。

ただし、ストレス耐性が低くても悲観することはありません。自分が弱いと自覚して常々努力すると、結果的には脳にとって大きなプラスになります。そういう意味でも、自分の脳の現状を知り改善していくことは、人生でとても大きな意味をもちます。

〈3〉 動物脳プラス・マイナスと自我および死との関係

「動物脳プラス」は、脳を働かせるのにプラスに働くもの、「動物脳マイナス」は脳を働かせるのにマイナスに働くものと定義しています。感情面でいうと、喜びや愛などは動物脳プラスに属し、悲しみや恐怖などは動物脳マイナスに属するといっていいでしょう。

しかし、脳の働きは一筋縄ではいかないもので、マイナスの感情がすべて脳の機能にマイナスに働くかというと、決してそうではありません。前述したように、軽い不安感は脳を働かせます。自分が弱いと思っていると、不安感から努力をするので、脳が働くようになります。

では、強いマイナスの感情は脳にとってもマイナスでしょうか。私は、長い目で見れば決してそうではないと考えています。

私は約30年間、脳の手術をしてきましたが、手術前はいまだに強い不安感に襲われます。責任が重くなった最近の方が、むしろ不安感が強いといっていいでしょう。しかし、難しい手術に成功したときの喜びは、昔より大きい気がします。おそらく強い不安感によって動物脳マイナスが強烈に働いている中で、逃げずに自分に課せられた仕事に取り組むという、脳にとってプラスに働く方向性を必死で追っていることが、成功したときに歓喜といってもいい強いプラスの感情を引き起こしているものと思われます。手術前に強い不安感がなければ、手術後の強い喜びもないでしょう。

歴史上、同じような話はたくさんあります。厳しい環境で逃げずに戦った人が、状況がよくなると大きく飛躍していくことはよくあり、大河ドラマ『八重の桜』に登場した山本八重は、まさしくそのような体験をしたひとりといっていいでしょう。

なぜ脳は、このようにマイナスが大きいほど、前向きに戦った後、プラスに大きく振れるのでしょうか。おそらくふたつの要素が関係していると私は考えています。

ひとつは、動物脳マイナスが強く働くような状況を乗り越えることが、自我を強くしなやかにするということです。マイナスが働いて逃げようとするところを、自我が必死で人間脳に司令して働かせ、乗り越えようとします。そして、厳しい状況を乗り越えると、自我は、強い動物脳マイナスをもコントロールできると自信をつけます。自我が苦境の中で成長した喜びが、プラスに大きく振れる要因になります。

自我の働きが人間に特有のものであると考えると、厳しい状況で前を向いて戦っている人間ほど、美しく崇高な姿はないと感じるのは、それが人を人たらしめている脳を刺激しているからでしょう。

もうひとつは、マイナスの感情が出ると、それを代償するプラスの感情もおそらく脳は用意をしているということです。マイナスの感情の最たるものは、死への恐怖です。がんなどの病気などで余命いくばくもないと宣告されたかたが、恐怖を感じるとともに、景色が今までにないくらいきれいに見え、生きることへの愛おしさがわいて出てくるといった話があります。おそらく動物脳は、死の恐怖という苦痛を和らげるために、同時にプラスの感情がわいてくるようにできているのでしょう。

動物脳は、死なないようにといつも考えている存在ですが、死が逃れられないと悟ったときには、苦痛を和らげるものが出てくるのは当然のことに思えます。死の恐怖まではいかなくとも、強いストレスを受けると、マイナスの感情を代償するプラスの感情も同時に出るのでしょう。そして、自分の努力でマイナスを打ち消したときには、成功した喜びが加わって、強い歓喜を感じるのでしょう。つまり、動物脳マイナスが大きければ大きいほど、苦しみの中でプラスに転化する努力をすることが、状況が好転したときに強いプラスの感情を引き起こし、結果的に脳の働きをよくしていきます。

苦しみの中で脳をプラスに転化する努力をするときに、大事なことは何でしょうか。動物脳マイナスが大きければ大きいほど、死への恐怖に脳が支配されているといっていいでしょう。それを乗り越えるには、死を越えるものをもつことが根本的な解決になります。宗教はそのためにあるといっても過言ではありません。

では、宗教があまり生活とは関係のない日本人にとって、死を越えるものがあるでしょうか。論語に「志士仁人は、生を求めて以って仁を害すること無し、身を殺して以って仁を成すことあり」という言葉があります。日本の歴史をみると、死を超越したのは、志をもった人たちでした。特に、幕末の志士たちは、まさしく死を越えた志をもっていました。吉田松陰ほど、死に際でも堂々として、自分の志に殉じた人はいないでしょう。その彼が刑死という非業の死をとげることで、高杉晋作ら、弟子たちの心に火をつけ、その結果、明治維新がなったといっても過言ではありません。つまり、道半ばで非業の死をとげることにより、死を越えた志は強いインパクトをもって多くの後輩たちの心に伝播します。それが大きなうねりとなって、歴史を動かしていったといえます。

おそらく、動物脳がもっとも怯える死を越えるような志をもったときに、初めて脳が自由に働くようになり、その脳としての強烈さが周囲の人に影響を与えるのでしょう。特に生前、人を想う気持ちが強い人、たとえば吉田松陰や西郷隆盛の死後に、彼らの周囲の人に与える影響力は計り知れないものがありました。これは、人間関係の中でも、最高の到達点かもしれません。

この章の最後に、私が脳の奥深さを感じているひとつの例を考察してみましたが、次章からは、もっと卑近な、仕事における人間同士の相性について記します。

第2章

仕事における人との相性と脳の使い方

相性と脳の使い方

人間同士の付き合いには、どうしても相性があります。最初はいい人だと思っていたのが、次第に幻滅していったり、逆に、変なやつだと感じていたのに、じつはいいところがあるじゃないかと思ったりすることはよくあります。また、自分が成長していくにつれて、人間関係が変わることも珍しくありません。

人間の相性のことを、馬が合うとか合わないとかいいますが、その根底には、見せかけだけでは到底隠しきれない、脳の特徴が関係していると私は考えています。特に仕事のように、お互いが命を削って勝負をしている世界であればなおさらです。

相性の根底には、結局のところ、人は脳を使いたがっている、活性化したがっていることが関係しているのではないかと思われます。

たとえば、話をしているとだんだん眠くなる相手もいれば、思わず身を乗り出して話を聞きたくなる人もいます。眠くなるのは、話の内容が脳の活動力を落とすためでしょうし、身を乗り出したくなるのは、話が脳を活性化するので、もっと聞きたくなるのでしょう。

後者のような人とまた会って話を聞きたい、友人として付き合いたい、一緒に仕事をしたいと思うのは、自然のなりゆきでしょう。こういう人は、単に面白い話をするだけでなく、ものをよく知っていたり、誠意があったり、他人を思って助言してくれたりします。すると、いい仕事をするのにプラスになるので、よい人間関係を築くことができます。

話だけでなく、行動においてもそうです。たとえ無口でも、行動で誠意を見せてくれれば、友情が深くなるでしょう。このような人とは、自分の脳を活性化するという理由で、相性がいいということになります。

「己に如かざる者を友とすること無かれ」という言葉が論語にあります。「自分より優れたものをもっている人を友としなさい」という意味ですが、そのような人は、自分に刺激を与えてくれます。すると、脳が活性化していきます。会うたびに自分の脳のレベルが向上するので、人間関係は長続きします。長い目で見て、相性がいいといっていいでしょう。

逆に、自分より劣った人を友人にしたがり、仲間といえば遊び仲間しかいない人もいます。ある意味、動物脳のみを活性化する関係といってもいいでしょう。しかし、そのような関係はあまり長続きせず、相性がいいとはいえません。遊びだけで付き合う相手でも、自分の脳をあまり活性化しない人であれば、次第に疎遠になっていきます。動物脳の活性化が中心だと、脳全体が向上する関係ではないので、長い時間に耐えられないのです。

つまり、人との相性は、その人といることで、長い目で見て自分の脳が活性化するかどうかにつきるのではないでしょうか。

仕事上での人間関係のように、ずっと顔を突き合わせている抜き差しならない関係では、なおさらそうだと思われます。なぜかといえば、そのような関係では、たびたび何かを判断したり決定したりすることになり、判断や決定はその人特有の脳の使い方にもとづいて行われるからです。

相手の判断・決定が自分の脳を活性化すれば、相手を信頼でき、相性がいいということになるでしょう。逆に、活性化しなければ、ケンカになったり不愉快にさせられたり、相性が悪いということになるのでしょう。

相性とは、相手を「すごい」「なるほど」と尊敬できるかどうかにかかっているようです。

脳の使い方が相性に密接に関係することは、私の今までの経験を振り返っても確信できます。

たとえば、私は脳テストで左脳3次元が極端に高いのですが、やはり本質をめざしているような左脳3次元主体、もしくはそれをかなり使っている人には、いろいろ意見を聞きたくなり、相性がいい気がします。また、右脳2次元主体の人情の厚い人も、自分にないものをもっているせいか、可愛げやなつかしさを感じ、また会いたいと思います。

しかし、左脳2次元主体の人の中で知的ではあるが思考停止した、原理主義といってもいいような人とは、全くそりが合いません。また、右脳3次元主体の人の中で変わり身が早くて信用がおけない人には、どうしても違和感があり、近づくことはまずありません。より具体的にいうと、西洋の猿真似のような研究をやっている、右脳3次元と左脳2次元がくっついたようなオリジナリティーのない人には、全く興味がわきません。これはおそらく、脳の使い方の根底に関わる問題で、私が脳を使いたがっている以上、近づきたくなる人とできれば敬遠したい人がいるのでしょう。

歴史上でも同様のことが起こっているように思えます。

織田信長は強烈な合理主義者で、左脳3次元が主体の脳の使い方をしていたと思われます。やはり強烈な合理主義者である齊藤道三とは通じ合うものがあったようです。また、右脳2次元で可愛げのある脳の使い方をしていた豊臣秀吉とも相性はよかったようです。

一方、明智光秀は、左脳2次元的で知的ではあるものの、足利幕府の再興など原理主義的な発想をするので、結局はぶつかる運命だったのでしょう。足利義昭のような、右脳3次元的でエネルギッシュではあるが言動が信用できない人とも、やはり相性の悪いところがあったはずです。

信長を好む人は、やはり合理的な人で、たとえば小泉純一郎元首相、石原慎太郎元都知事がいます。嫌う人は、人情を大事に考えている人が多く、作家の藤沢周平さんもそのひとりのようです。

このように様々な事例から、脳の使い方が人間の相性に大きく関係していることが推測できます。

動物脳主体の人の相性

仕事における相性と脳の使い方に関して第一に注目すべきは、動物脳が主体かどうかです。

繰り返し述べているように、もちろん動物脳は元気がないと困ります。しかし、自我が弱く、脳全体が動物脳に振り回されているような人と仕事をすると、いつか必ず問題が起きます。

動物脳主体の左脳3次元の人は……悪知恵の発達した人になりがちです。仕事を一緒にすると、成果を横取りしたり、自分だけに利益をもたらそうと策略をめぐらせたりする可能性が大です。

動物脳主体の左脳2次元の人は……思考停止した原理主義的になって、自分の考えに凝り固まりがちです。いくら議論をしてもわかってもらえず、にっちもさっちもいかなくなりそうです。

動物脳主体の右脳3次元の人は……世渡りがうまいけれど、じつは信用されない人になりがちです。口八丁手八丁で精度の低い仕事をするので、組織に大きな損害を与える可能性があります。

動物脳主体の右脳2次元の人は……愛情が満ちているように見えますが、相手をしばり、結果として相手の成長を阻害しがちです。一緒に進歩するのは難しく、いずれ振り捨てざるをえないでしょう。

以上のように、動物脳主体だと、せっかくの才能がねじ曲がった方向に行きがちです。

なぜ動物脳主体だと仕事でいい人間関係が築けないかといえば、そういう人にとって、人間関係は自分の保身のためだけにあるからです。

「晴れの日の友、雨の日の友」という言葉がありますが、動物脳主体の人は典型的な〝晴れの日の友〟です。利用価値があると思える晴れの日にしか相手に寄っていかず、価値がなくなった雨の日は離れていきます。

最終的に仕事がうまくいくかどうかは、厳しい状況をいかに乗り切るかにかかっています。動物脳主体の人と仕事をすると、厳しい状況でまさかという裏切りがあり、痛い目に遭うかもしれません。

では、動物脳主体の人をどうしたら見分けることができるでしょうか。

今後の検証が必要ですが、脳テストで人間脳が低くて動物脳が高い人は、おそらくそのようなタイプでしょう。

しかし、普段の言動をみればほぼ推測がつきます。論語に「巧言令色少なし仁」という言葉がありますが、ニコニコしておべっかをつかい気分よくさせてくれる人は、間違いなく動物脳主体の人です。また、悪いことをすべて人のせいにする人もそうです。

論語中の「小人」が動物脳主体の人にあたりますので、論語を勉強するとほぼ見分けられるようになります。

動物脳主体の人は誰とも相性がよくないので、人間関係は長続きしないと覚悟する必要があります。

人間脳主体の人の相性

人間脳が主体の人同士の相性はどうなるでしょうか。

この場合は、動物脳が主体の人に比べて、脳の4つのタイプの長所が前面に出てくるようになります。

人間脳主体の左脳3次元の人は……世の中に役立つために何が本質であるかを追求して、徹底的に進歩しようとします。

人間脳主体の左脳２次元の人は……自分の関わっている仕事を深く追求して真理を探究し、世の中に貢献します。
人間脳主体の右脳３次元の人は……新しいことに挑戦して、世の中のために地平線を切り開いていきます。
人間脳主体の右脳２次元の人は……自分のことは二の次で、常に相手にプラスになるように考え行動します。

しかし、人間脳主体であれば、必ず人と相性がいいというわけではありません。「はじめに」でも書きましたが、人間脳がきわめてすぐれている左脳３次元主体らしき大久保利通と右脳２次元主体と思われる西郷隆盛は、国家の問題になると征韓論で袂を分かたざるをえませんでした。相性とは、相手と関わると脳が活性化するかどうかに行き着きます。脳の根底で一番大事にしているものが、相手にとって快感があったり納得できたりすれば相性がよく、不快であったり違和感があったりすると相性が悪いということになります。

もう一度、脳の左右と次元について簡単におさらいします。

左脳は、時間の流れの中で質を向上させることに関わっており、ストレスがあると攻撃的になりやすい脳です。人間関係は右脳に比べて苦手といっていいでしょう。右脳は、空間の中で量（エネルギー）を向上させることに関わっており、ストレスがあると逃避的になりやすい脳です。人間関係は左脳に比べて得意といえます。

３次元は、多くの情報を処理するため上から俯瞰する、文学的にいうと鳥の目。２次元は詳しい情報を得るため相手に近づく、文学的にいうと虫の目になります。

これらを組み合わせた4つのタイプは、簡単にいうと以下のようになります。

●左脳３次元（合理主義）：多くの情報を得て質を上げ、物事の本質にこだわります。
●左脳２次元（原理主義）：狭い範囲に限定して詳しい情報を得ることにこだわります。
●右脳３次元（拡張主義）：今いる空間を支配しようとします。
●右脳２次元（温情主義）：相手中心に細かく対応します。

以上をふまえて、仕事における脳の相性に原則があるかを考えました。

まず、左右は、質と量、時間と空間、攻撃と逃避といった大きな違いがあり、互いに理解しえないところがあるでしょう。特に、同じ次元、たとえば2次元同士の左右は、水と油といってもいくらい大きな違いがあります。

左脳3次元と右脳3次元は、合理主義と拡張主義ということになり、一方は質をとことん追求し、もう一方は量を追求します。脳の根底で一番大事にしていることがかけ離れているため、本当に理解し合うのは困難です。

同様に、左脳2次元と右脳2次元は、原理主義と温情主義になり、片や狭い範囲の言葉にこだわり、片や狭い範囲の人間関係にこだわります。やはり脳の根底で大事にしていることがかけ離れており、互いの理解は困難になります。


次元に関しては、次元の高い方が情報量を多く処理できるので、左脳同士あるいは右脳同士であれば、次元の高い方が強い立場になります。

左脳3次元と左脳2次元主体の人が、質に関して競争すると（たとえば戦争）、多くの情報を処理している左脳3次元の方が勝つでしょう。

右脳3次元と右脳2次元主体の人が、人間関係で競争すると（たとえば選挙）、より多くの人と知り合っている右脳3次元の方が有利でしょう。

では、斜めの関係になる脳タイプの相性はどうでしょうか。

左脳3次元と右脳2次元主体の人の相性は、意外といいのではないかと思われます。左脳3次元主体の人は質を追求しますが、質を究極まで追求すると、やはり人間関係が大切であるということになります。なぜならば、質を限りなく上げようとすれば、自分ひとりでは困難であることに気がつくからです。組織をつくりみんなと協力することで、より質を上げることが可能になります。また、右脳2次元は、人間関係が右脳3次元に比べて深く、人間関係の質という意味では高いといってもいいでしょう。左脳3次元は人間関係があまりうまくなく、孤独感を抱えていることもあるので、相性がよくなるのではないかと私は考えています。右脳2次元主体の人は、本当に相手の役に立とうと思えば、本質を教えてあげて、本当の意味で相手のプラスになる方向に進もうとするものです。そういう意味で、最終的には左脳3次元主体の人と方向性が一致します。

一方、左脳2次元と右脳3次元とは、かなり相性のいい場合とそうでない場合がありそうです。右脳3次元は量を追求し、空間を支配する脳で、簡単な原理を信じることで迷いなく行動できるようになります。左脳2次元主体の人は常に原理にもとづいて行動します。つまり、両者の原理が一致すれば相性がよくなります。たとえば、幕末において、左脳2次元主体と思われる長州と右脳3次元主体と思われる薩摩は、討幕という原理が一致して力を合わせました。

しかし、原理が違うと、両方とも攻撃的な面があるために、相性が悪くなります。

相性を改善する努力

仕事においては、脳の根底の部分がぶつかり合うので、相性が明確に出てきます。しかし、話はそこでは終わりません。大事なのは、たとえ相性が悪くても乗り越えようとすることです。

次の章で、仕事における4つの脳タイプの相性を各論で述べ、その次の章で、相性に問題がある場合にどう改善するかを考えてみます。改善には自分の脳の使い方を変える作業を伴うため、脳にとっては困難な話になります。

しかし、相性が悪い人と組むことが、むしろ仕事にプラスになることがよくあります。たとえば、左脳3次元主体の人が本質をみていい製品をつくっても、そのできあがった製品を、右脳3次元主体の人が営業するなどして世間に広めなければ意味がありません。

仕事においては、チームの中で様々な役割があり、相性が悪い相手と組んだ方が発展する場合がよくあります。仕事を発展させるには脳の４つの部分をすべて高いレベルで使うことが肝要ですが、それができる人はまずいないので、違う脳の使い方をしている人と組むしかないのです。

まとめると、仕事における人間関係には３つの要素を考慮する必要があります。

まず、自分の脳の使い方のレベルが人間関係に大きく関係するのは、動物脳が主体かどうかです。動物脳が主体だと、若いころは勢いがありますが、いずれはレベルが下がります。動物脳を主体にしないためには、自我が大切になります。自我が強くてしなやかであれば、動物脳がコントロールでき、人間脳を主体で使えるようになります。

次いで、人間脳主体の人同士の相性に関わるのは、お互いの脳タイプです。これは、それぞれの人が脳の根底で大切にしているものが、仕事での相性に大きく関わるからです。

最後に、仕事はすべての脳を使うことが必要な以上、相性が悪くても改善することに腐心しなければなりません。それには、自分の脳の使い方を変えていくしかありません。

次の章で、仕事での相性の程度を「優・良・可・不可」で整理してみます。「優」は無理をしなくても、長い目で見て自分の脳にプラスになる関係です。「良」は努力をすれば、自分の脳にプラスになる関係です。「可」は努力すればぶつかりはしないが、長い目で見ても自分の脳をあまり活性化しない関係です。「不可」は水と油の関係で、いずれぶつかる可能性が高い関係です。

それぞれの相性に関して、歴史上の人物を例に出してみます。語り継がれる人は、極端な脳の使い方をして、それを武器に歴史の表舞台に出てきていることが多いからです。名を残した人たちは、強烈な仕事人といっていいでしょう。

また、国家間の相性にもふれてみます。国家は、置かれている環境や風土、歴史がそれぞれの特徴をつくっており、それが相性にも関わっているからです。国家同士の関係も、自国の利益を守りつつ相手の利益になるようにするという、仕事と同じ側面があるので、相性に関して参考になります。

さらに、私の経験や周囲で見聞したことも付け加え、考察してみます。

第3章

仕事における相性の各論

４つの脳タイプの仕事における相性の各論

仕事上の相性を、例をあげながら説明していきます。

相性がいい関係はさほど多くないことに驚かれるかもしれません。しかし、長く仕事をしていると、これは当然だと思えるようになるはずです。なぜなら、仕事自体より人間関係の方にストレスを感じることが多いからです。

まず厳しい現実を認めてスタートすることが、人間関係を改善する大前提になります。

〈1〉 左脳３次元 vs 左脳３次元

左脳３次元同士は、どちらも物事の本質をつきつめるので、決してベタベタした関係ではありませんが、長い目で見ると相性がよく、「優」といえるでしょう。

「君子の交わりは淡きこと水のごとし」という表現が、両者の関係に近いのかもしれません。「少年老い易く学成り難し」という言葉の通り、物事の本質は、一生追求してもつかむことは難しく、無限の向上心が必要です。左脳３次元同士は、本質をつかむために一生努力しようという志をもつ、同志の意識でつながっているといってもいいでしょう。

このような人間関係は、歴史上の人物でいうと、岩倉具視と大久保利通があげられます。両者とも明治維新の動乱の中で、日本の行く末に道筋をつけたという点で、時代の本質を見通す能力が高く、レベルの高い左脳3次元といえるでしょう。ふたりが連携して、幕末の徳川慶喜の処遇を決める1868年1月3日の小御所会議で、自分たちに不利だった形勢をひっくり返したことも、鳥羽伏見の戦いで錦の御旗をつくって薩長軍に権威づけをしたことも、手段を選ばずに本質的な結果を得ようとする強い意志があったからといえます。ちなみに慶喜は、右脳3次元が主体で足腰の定まらない人物だったようです。

偽勅を出すなど、倫理的には問題視される面もありますが、外国の侵略から日本を守るという喫緊の課題からみれば、徳川家のことしか考えていない徳川幕府に任せておけないという彼らの方針は致し方なかったのでしょう。

このような左脳3次元のレベルの高い人は、次第に明治政府の中で大きな役割を担うようになります。明治初期には岩倉と大久保が中心になって政府を運営していたといっても過言ではありません。大久保が1878年に暗殺された後、岩倉も急速に衰えていったのは、脳からみた盟友が死んだからかもしれません。

国でいうと、米国と英国です。両国は左脳3次元的な合理主義という意味で、お互いに似ています。米国が力をとことんつきつめるような男性的な社会であることはいうまでもありません。英国は第二次大戦後、落ち込んでいたものが、サッチャー首相の時代に米国的な競争原理を取り込んで元気を取り戻しました。これは、かつての大英帝国の時代のように、力を主軸にする方が英国は活力が上がることを意味するのではないかと私は考えています。

情報を徹底的に集めて本質をつかもうとする、この似た者同士のふたつの国のやり方は、戦争に強いという面では、他のどの国の追随も許さないといってもいいでしょう。

私も左脳3次元が主体で、どうしても左脳3次元の人に親近感をおぼえます。理由は、その人たちから本質を学びたいという気持ちが強いからだと考えています。

左脳3次元タイプは基本的に本を読むのが好きです。たくさん読むことによって、物事の本質はいくら学んでも無限に奥行きがあると身に染みて感じているからでしょう。

〈2〉 左脳3次元 vs 左脳2次元

両者とも質を追求して攻撃的になりますが、左脳3次元は合理的で、左脳2次元は原理的です。そのため、近親憎悪的な関係になることがよくあり、相性は「可」となります。

ただし、お互いに相手の要素、つまり左脳3次元が左脳2次元、左脳2次元が左脳3次元の要素をもっていれば、攻撃力が高く進歩する集団をつくることができるので、相性は「良」となります。

明治維新後の大久保利通と江藤新平の関係は、左脳3次元と左脳2次元の対決といっていいでしょう。江藤は天下国家を考えていたようで私怨の要素があり、左脳2次元が主体となった脳の使い方を推し進めたと思われます。彼は法という原理を前面に立てて薩長に対抗しようとしましたが、厳格に原理にこだわりすぎたため、人を惹きつける力はありませんでした。

結局1874年に佐賀の乱を起こし、大久保の迅速な対応があって処刑されました。両者が正面切った争いをすると、左脳3次元の方が多くの情報を処理しているので、左脳2次元より強いのでしょう。

しかし、左脳2次元は追い詰められると、暴発することもよくあります。米国と原理主義者の集団との争いのようなものです。

戦国時代の織田信長と明智光秀は、そのような関係だったと私は考えています。光秀は、足利幕府の再興にこだわったように、古い秩序や体制を守りたがる、左脳2次元の要素が強い人でした。そのような原理主義的な脳の使い方は、きわめて合理的な信長からみると無能に感じられ、光秀の言動が信長にとってだんだん不愉快になっていったはずです。もしも豊臣秀吉のように右脳の要素が強く可愛げがあれば、信長はそれほど目くじらをたてなかったに違いありません。信長と光秀は、左脳的で知的な面が似ているだけに、違う面に対する憎悪が強かったのでしょう。領地替えを命じられた光秀が精神的に追い込まれ、左脳2次元特有の攻撃性が出たのが本能寺の変であると私は考えています。陰惨な主殺しをする人は、日本では人気がなく、天下をとった後の光秀に賛同する武将はあまりいませんでした。

左脳3次元主体の人と左脳2次元主体の人は、近親憎悪のような関係になると、相手をとことんやっつけようとする、ある意味、陰惨な攻撃性を互いにもつようになります。

ただし、左脳3次元と左脳2次元がうまくいくケースもあります。本田宗一郎と若い技術者たちとの関係などは、その典型でしょう。企業は、左脳３次元的な理念が重要ですが、それを実現するためには、他の企業にない新しい技術が必要です。技術開発には、思考停止せずにとことん研究を進める左脳２次元の脳の使い方が重要なため、開発に携わるのは、体力・気力ともに充実している若い技術者が最適です。

ホンダの４代目の社長である川本信彦さんも、代々の社長と同様に元々は技術者で、若い頃に本田宗一郎の薫陶を受け、「叱るときは日本社会全体を背負ったような叱り方をするので反論ができなかった」そうです。本田は技術のことをいっているようで、その底にある高い志をもとに叱っているため、頭が上がらなかったのでしょう。ホンダは、本田の左脳３次元と若い技術者の左脳２次元の使い方がいい意味で組み合わさって世界的な企業に成長したといえるでしょう。

左脳３次元主体のトップが、技術開発力の優れた左脳２次元主体の人と手を組むと、世の中に役立つ新しい技術が生まれ、企業競争力を高めます。

当院でもそのような組み合わせによって、新しい治療法である覚醒下手術（全身麻酔を使わず患者さんが目覚めたまま行う脳の手術）が確立されました。

〈3〉 左脳3次元 vs 右脳3次元

左脳3次元は質、つまり長い時間が経っても通用することを追求し、右脳3次元は量、つまり自分のまわりの空間を相手にして、支配しようとしたりとけ込もうとしたりします。根本的な違いがあるので、水と油であり、相性は「不可」といってもいいでしょう。

歴史上の人物であれば、千利休と豊臣秀吉をあげることができます。千利休は、茶道の本質にこだわる、左脳3次元が主体の人だったようです。秀吉は、織田信長が死ぬまでは相手につくす右脳2次元主体の人でしたが、死んだ後に自分が天下を支配して調子がよくなると、右脳3次元が言動の大勢を占めるようになったと私は考えています。茶室を黄金で造るといった、派手でエネルギッシュなことが好きな秀吉は、利休がなぜ、わびなど茶道の本質にこだわるのか理解できなかったに違いありません。

秀吉と参謀の黒田官兵衛との関係も似ています。信長が、本能寺で明智光秀の謀反により絶命したことを聞いた瞬間、中国大返しを進言した官兵衛に対して、秀吉は名案だと思いながらも、「この男は物事の本質をつく恐ろしい男だ」と感じたに違いありません。それ以降、秀吉は官兵衛には決して心を許さなかったようです。

徳川家康は様々な脳を使える人だったようですが、主体は物事の本質をみるのに長けた左脳3次元だと思われます。秀吉が小牧長久手の戦いで敗れたとき、家康に自分の母親を人質に差し出すなど、卑屈なほど下手に出たのは、右脳3次元主体の秀吉が、左脳3次元主体の家康の高い戦闘能力を恐れたせいではないでしょうか。

国でいえば、米国と中国になります。正面切って戦争をすれば、左脳3次元が主体と思われる合理的な米国が間違いなく勝つでしょう。しかし、右脳3次元が主体と思われる中国人は、世界中に広がる傾向があり、どんどん米国内にも入りこんでいて、米国は中から中国人に浸食されつつあるように見えます。いずれにしても、米国と中国は水と油みたいなもので、本当の意味で理解し合うことはないと思われます。

左脳3次元が主体の私は、右脳3次元の人とうまくいかなかったことが過去に何回かあります。左脳3次元は、仕事をつきつめるとどうしても質を上げる方向に行きます。そのため、量を増やすことにこだわり、量をこなせば多少の失敗は許されるとする右脳3次元の発想に、違和感があったのが不和の大きな原因でした。私は仕事をやるときに、どうしても物事をつきつめてしまうため、相手の脳の使い方の根底にあるものから、自分の脳に強い不快感を与えられたのでしょう。

〈4〉左脳3次元 vs 右脳2次元

左脳3次元主体の人が質をとことんつきつめると、右脳2次元の脳の使い方、言い換えると損得抜きの深い人間関係が、質を上げるために大事であることに気づきます。それは、自分ひとりで仕事をするのではなく、集団をつくった方が、長い目で見れば質が上がるからです。また、右脳2次元主体の人が情をつきつめると、物事の本質をみることが、より深い人間関係につながることに気づきます。それは、相手に合わせて共倒れになるより、本質から目をそらさずに助言する方が、本当の意味で相手に役立つからです。

このように、両者はつきつめると似た面が出てくるため、相性はかなりよく、相性は「優」から「良」になります。

左脳3次元主体の人は質にこだわり、結果として孤独になりがちなので、人間関係の質が高い右脳2次元主体の人に惹かれるのかもしれません。ただし、相性を「優」にするには、左脳3次元主体の人は右脳2次元も使い、右脳2次元主体の人は左脳3次元も使い、お互いに相手と共通点をもって理解し合うことが大事です。

左脳3次元が主体と思われる大久保利通や島津斉彬と、右脳2次元が主体と思われる西郷隆盛の人間関係を考えます。西郷が幕末の主役ともいえる活躍をしたのは、島津に様々なことを直接教わり、西洋列強が日本を植民地化しようと狙っている現状に気づいたところから始まりました。その後、二人三脚で明治維新後の日本をつくりあげました。

しかし、信頼し合っていたふたりが、1873年に征韓論をめぐって激しく対立。西郷が「自分が朝鮮へ大使として行く」と主張したのに対し、大久保は「戦争を誘発する危険性が高く、まだ国として安定していない日本が戦争をしてはいけない」と反対しました。西郷の「たとえ戦争になって日本が焦土と化しても、そこから新しい芽が出てくるから大丈夫」といった発言は一見暴論のようで、じつは本質をついていると思えます。

右脳2次元主体の人は、いわば自然の循環の中で生きており、若い芽を育てる喜びや死んでいった者への哀悼の気持ちが、生きていく原動力となります。そういう気持ちから、世の中をよくしようと考える若者たちが主役であった時代が、日本が一番輝いている時代であったと私は考えています。

実際、西郷隆盛が征韓論を主張した70年後に、大東亜戦争で日本は焦土と化しましたが、奇跡の復興を遂げました。それは、日本人は世界的にみると右脳2次元が主体なので、厳しい環境では強烈な危機感を共有し、無念の死をとげた人たちに顔向けができるように、日本をよくしようと集団で立ち上がったからでしょう。日本人がいきいきと活躍するのはそのような時代であることを、幕末を経験した西郷はわかっていたに違いありません。

左脳3次元主体と右脳2次元主体とでは、国家のあり方という厳しい問題をつきつめると、どうしても違う結論が出ます。そういう意味では、相性は「優」ではなく「良」になります。しかし、特質の全く違うふたりが信頼し合って幕末、明治維新の動乱で先頭に立って道を切り開いたことを思えば、両者の脳の使い方が日本にとって必要だったわけであり、結果的には相性は「優」といってもいいかもしれません。

国でいうと、米国と日本です。前者は左脳3次元主体で後者は右脳2次元主体であると思われ、相性はかなりいいと考えられます。しかし、本質を追求する左脳3次元的で骨太なところが日本になければ、米国からみれば、使いやすいだけの軽い国となり、結局はうまくいかないと思われます。

左脳3次元が主体の私は、過去に出会った右脳2次元が主体の人を、とてもなつかしく思い出します。彼らがしてくれた、損得抜きの温かいサポートが、いまだに私の気持ちを支え続けてくれ、前に向かう原動力になっているのは間違いありません。

〈5〉 左脳2次元 vs 左脳2次元

左脳2次元同士はお互いに信じている原理が合えば強い関係になりますが、合わないと不倶戴天の敵になるので、相性は「良」か「不可」ということになります。

左脳2次元主体の人たちが、信じている原理が一致しているからと閉鎖的で社会から隔絶された集団をつくると、次第に些細な違いを問題として、攻撃し合う関係になりがちです。日本赤軍が次第に分裂していった歴史をみてもそうですし、フランス革命や共産主義国家が、内部分裂を繰り返して、粛清の嵐が吹き荒れたのもそうです。

左脳2次元は、おそらく一番攻撃的な脳の使い方です。しかも人間関係より原理を重視しているので、閉鎖的になると、ストレスを感じたときの攻撃性のはけ口が、集団の中の他人に向かうのは当然かもしれません。

世界で大きな問題となっているイスラエルとイランの対立もこれにあたると考えられます。異なる一神教を信じる者同士がたどる道で、出口がみえない事態になっています。

私は研究をやっていて、人間関係の崩壊を体験をしたことがあります。研究というのは「欧米で評価される論文が価値観のすべて」のような一種の原理主義であり、様々ないさかいが、私がいた研究室でも起こりました。研究室は閉鎖的な世界であり、「論文を発表しないと人間ではない」という単一の価値観でしばられており、そこでの脳の使い方が人間関係を壊していったのではないかと今では思っています。

〈6〉左脳2次元 vs 右脳3次元

言葉からなる原理を信奉する左脳2次元主体の人と、空間に関わる右脳3次元主体の人は、基本的にはあまり相性がよくなく、「可」か「不可」となります。

たとえば豊臣秀吉のキリスト教弾圧も、空間を支配したがる秀吉にとって、現実にいる秀吉ではなく抽象的な存在である神を信じるクリスチャンが、異次元の不気味なものに映ったためでしょう。
今の中国における宗教への弾圧も、根は同じだと思われます。

しかし、戦いの中で互いの長所を認めて、利害を一致させて目的に向かうならば、強烈な攻撃力が生まれるので、相性は「良」となります。

幕末でいうと、薩長同盟がこれにあたります。長州の尊皇攘夷という原理にもとづいた左脳2次元的な不撓不屈の突破力と、薩摩の政治的にしたたかな右脳3次元的な動きが、討幕という同じ目的をもつことで強烈な力となり、明治維新に至ったと考えられます。

左脳2次元と右脳3次元がそれぞれ主体と思われる私の後輩同士が、強烈なケンカをしたことがあります。価値観が違うため、会った瞬間から気にくわないと思っていたようです。彼らの扱いには難渋し、これも脳の使い方の違いの問題だと感じました。両者とも左脳3次元や右脳2次元に比べると攻撃的な性格なので、仲直りするのは困難です。解決するには、それぞれが脳の使い方を改善するか、利害を一致させて妥協するしかないのか、と考えさせられました。

〈7〉 左脳2次元 vs 右脳2次元

左脳2次元主体の人は言葉による原理を中心に脳を使っていて、右脳2次元主体の人は人間関係の濃密さが特徴であって、基本的にはお互いが理解できず、相性は「不可」といっていいでしょう。

幕末の長州と会津がこれにあたります。長州が左脳2次元主体、会津が右脳2次元主体といってもよく、両者はせめぎ合いました。最初は会津が優勢だったものの、戊辰戦争の後半においては、長州が容赦なく会津を攻めました。左脳の方が攻撃的なので、戦争になると結局はそのような形になるかと思われます。

日本人と原理主義あるいは一神教の関係もこれでしょう。日本では人間関係が重んじられ、物事に白黒をつけると人間関係を壊す危険があるので、すべてにおいてあいまいにならざるをえません。自然に恵まれ周囲から攻められることが少なかった日本独特の環境が、「あいまいでもなんとかなる」という精神を培ったのかもしれません。

そのためか、原理主義や一神教は、日本人には息苦しくて、あまり根付かないようです。過去のいさかいを水に流すのは、日本の良さともいえますが、すぐに過去の教訓を忘れる甘さにつながっているともいえます。

しかし、進歩していく左脳2次元であれば、つまり狭い範囲であってもそこをつきつめようとする高い志があれば、右脳2次元主体の人の支えを得ることができ、相性は「良」になるでしょう。これは、ノーベル化学賞に輝いた下村脩さんにみることができます。彼が緑色蛍光タンパク質を抽出したときには、100万匹のクラゲを家族で収集したそうです。ノーベル賞は、彼の仕事に敬意をはらう家族の協力がなければ、とうてい勝ち得なかった成果でしょう。

私の後輩の医師に、いかにも左脳2次元と思われる男がいて、残念ながら、あまり看護師さんたちの評判はよくありませんでした。看護師は他人の世話をしたがる右脳2次元主体の人が多いようで、左脳2次元主体の人の激烈さは好きになれないでいたようで、やはり相性は悪いのだろうと納得した次第です。

〈8〉 右脳3次元 vs 右脳3次元

能動的な右脳３次元主体の人同士は、両者とも自分が中心となって空間を支配しようとするので、ボスザルのなわばり争いのようなものです。お互い理解はできるが、あまり相性がよくなく「可」になります。右脳３次元主体の人は動物脳と結びつきやすいため、能動的になり、自分がこの空間でナンバーワンでないと気が済まないため、このような相性になります。

しかし、もし動物脳の要素が低く、スポーツや絵、音楽などに関わるのが好きな受動的なタイプ同士であれば、相性は「良」でしょう。スポーツ好きあるいは芸術好き同士によくある良好な関係です。

戦国時代でいうと、豊臣秀吉と柴田勝家があげられます。このふたりは互いに覇権を争い、敵対しました。

日露戦争後の日本も右脳２次元が右脳３次元主体になったと考えられ、右脳３次元主体の中国とぶつからざるをえませんでした。

ナポレオンも右脳３次元主体であると思われ、結局、その時代の各国の王となわばり争いになり、やはり衝突しました。

右脳3次元主体の人は、一代で成り上がった人に多く、右脳3次元同士の争いに勝ったとしても、繁栄はあまり長くは続かないのが常のようです。

ただし、右脳3次元主体の人のエネルギーは周囲に伝播するので、ナポレオンが戦争で敗退した後に、各地で民族主義が起こり、各国が独立していったと考えられます。日本が大東亜戦争に負けた後も同様の気風が広がりました。

左脳2次元主体の原理主義者、全体主義者が起こした戦争に比べれば、右脳3次元主体の人間たちの戦争は、陰惨な印象は薄い気がします。

最近、女性に右脳3次元主体の人が多いようです。つまり、〝肉食系〟女子が多く、そういう人同士はやはりあまり仲がよくありません。お互いに場を仕切ろうとしてぶつかるのが原因のようです。

〈9〉右脳3次元 vs 右脳2次元

両者とも右脳で人間関係が得意な脳の使い方ですが、右脳2次元主体の人は相手中心で物事を考え、右脳3次元主体の特に能動的な人は、自分中心で人間関係を含めた空間を支配しようとするため、あまり相性がよくはなく、「可」になります。

特に、人間脳が低い右脳2次元主体の人は、あくまでも相手が中心で自分が中心になることがないので、右脳3次元主体の人の言いなりになりがちです。それでいて、あまり右脳3次元主体の人をよく思っていないという例をしばしば見かけます。これは、左脳2次元と左脳3次元の場合と似ており、互いに一部が似ているため、違う部分に対して一種の近親憎悪をおぼえるのでしょう。


徳川慶喜は右脳3次元主体の人で、松平容保は右脳2次元主体の人だったと思われます。松平は幕府に忠義を尽くし続ける誠の人でしたが、慶喜にいいように利用されたあげく、慶喜にとって都合が悪い存在になると、あっさりと捨てられました。

右脳3次元主体の人は、周囲の情勢をみるのに敏であり、自分に得になる身の処し方が素早いので、右脳2次元主体の人は、それに振り回されることが往々にしてあります。右脳2次元主体の人の末路は、フェデリコ・フェリーニ監督の映画『道』に出てくるジェルソミーナに似て、胸をえぐるような哀切な情感をまわりの人に引き起こします。

国家であれば、日本と中国はこのような関係になります。今も尖閣諸島や靖国神社参拝の問題があり、右脳3次元主体と思われる中国に、右脳2次元主体の日本は振り回されっぱなしといってもいいでしょう。

このようにあまり相性はよくありませんが、右脳3次元主体の人に右脳2次元の要素があれば、相性は「良」となります。

たとえば、戦国時代の豊臣秀吉と前田利家です。前者が右脳3次元主体、後者が右脳2次元主体だと思われますが、秀吉は〝人たらし〟といわれるように、右脳2次元も特に若いころは使っていて、それが利家の強い忠義心を生んだと思われます。そのような右脳2次元の要素は、慶喜には見受けられませんでした。

私のまわりにも、右脳3次元主体であろうという人が何人かいます。ある男性は声が明るくて調子がよく、空間能力も優れていますが、情の深い女性を振り回し、都合が悪くなるとさっと逃げていきました。やはり、脳の相性なのでしょう。

〈10〉右脳２次元 vs 右脳２次元

右脳２次元同士はお互いに深い人間関係を築くので、一緒にいて居心地がよいでしょう。しかし、閉鎖的であまり物事を変えたがらない関係になりがちなので、仕事に関してはどうしても時代に取り残されるようになります。相性は、主観的にみると「優」でしょうが、客観的には「良」になります。

ただし、これは厳しい環境での話です。今のような平和な時代には、右脳２次元同士は相手に気をつかいすぎて物事を決められないので、徐々に人間関係で消耗していき、相性は「可」になります。

この関係は、左脳的な言葉や論理だけでは計り知れない深さがあり、ある意味、日本人独特かもしれません。

幕末を例にとると、西郷隆盛と彼のまわりに集まる薩摩武士があげられます。西郷の好きな言葉に「敬天愛人」という言葉があり、私はこの「天」の意味するところは、西洋の神とは違い、自然そのものであると考えています。自然を敬い、その中の一員である人を愛する。そうでなければ、先の「日本を焦土と化してもいい」という過激な発言は出ないでしょう。西郷は、自然の中でその一員として生きるのが人間であるという視点をもっており、栄枯盛衰を繰り返して循環するのが自然なので、焦土と化したほうが若い芽が出やすいという発想になったのでしょう。

これは、左脳特有の勝ち負けにこだわる、ある意味、小賢しく思われる考え方を超えたスケールの大きさを感じさせます。戊辰戦争では敵であった庄内藩の武士も、西南戦争のときに西郷のもとに駆けつけ、彼のために喜んで死ぬ、という逸話がありました。なぜこのような人たちが出てくるのかは、実際に西郷に会い、彼の声に接し、佇まいを見ないとわからない、としかいいようがありません。

また、孝明天皇と松平容保もそのような関係だったようです。松平が孝明天皇直筆の手紙を生涯身から離さなかったことからも、会ったときからお互いに右脳2次元主体であることを感じて、親近感がわいたのではないかと私は考えています。

国でいうと、日本と台湾が右脳2次元同士の関係になると思います。両者とも雨が多くて自然が豊かな島国である一方、台風や地震などの自然災害も多く、似たような環境です。その環境が自然を怖れ敬い、自然と共存する精神を培い、外敵や競争の少ない島国同士の紐帯を強くし、狭くて深い人間関係を発達させたのだと考えられます。

私は右脳2次元主体の精神が結晶化したのが武士道だと考えており、台湾において、李登輝さんのように武士道を本当の意味で理解する指導者が過去に現れたのは、日本と脳の使い方が似ていることからみて、必然的なことと思っています。

右脳2次元は、ある意味、昔の日本の母親と子供の関係にも似ています。

ある母親が難しい手術を受けて成功し、手術直後にその母親と娘さんが感激してICU（集中治療室）で号泣しているのを見たことがあります。人目をはばからぬほどの思いの濃さに、右脳2次元が主体の人同士の強い紐帯を感じました。ちなみに、その母親は右脳2次元の点数が高いことを、実際に脳テストで確認しています。

両脳タイプについて

最後に「両脳タイプ」について説明します。

今までは話を単純にするために、極端な脳の使い方の人同士の相性を述べましたが、実際に脳テストをやってみると、ある脳の使い方がやや突出していても、かなり万遍なく脳を使っている人も多数いらっしゃいます。

両脳タイプとは、脳テストでいうと、右脳50、左脳50くらいの割合で使っている方です。たとえば左脳3次元28、左脳2次元22、右脳3次元17、右脳2次元33という結果になると、おそらく最終的な判断は右脳2次元でするのでしょうが、左脳3次元も十分使っているので、両脳タイプということになるでしょう。

この両脳タイプは、様々な脳タイプの人を理解し、それに合わせて脳を使うことができるので、たくさんの人と相性がよくなります。極端な脳の使い方をしている人たちの間に入れば、接着剤のような役割を果たすでしょう。

両脳タイプの人も、やはり脳の使い方にクセがあるので、点数の高い部位は今まで述べたことがあてはまりそうですが、極端に脳の使い方が偏った人に比べると、人間関係によるトラブルは少ないと思われます。

私が日本各地でテストを行った結果では、いわゆる都会人にそのようなタイプが多い印象を受けました。子供のころから多くの人に接し、できるだけケンカをせずにうまく人間関係をやっていこうとする気持ちが、両脳タイプを生ものかもしれません。

ただし、これは「両脳タイプがよい」といった話ではありません。

強い偏りをもった脳の使い方をする人が、人間関係の難しさや苦しさから逃れようとすることによって、新しいことを生み出す力につながるケースも非常に多いと考えられます。

たとえば、エジソンは、強烈に左脳3次元に傾いた脳の使い方をしていたようですが、常に物事の本質をみようとしたので、小学校に通い始めたとき、教師に「なぜそうなるか」という質問をし続けました。それで、授業の邪魔になるという理由で学校をやめざるをえなくなりました。司馬遼太郎にも同じようなエピソードがあり、「図書館と古本屋しか私には必要なかった」と述懐しています。学校という、画一的な知識を教わる場に脳がなじまなかったのでしょう。

両者とも学校で教師とうまくやるという人間関係は苦手だったわけですが、そのストレスがむしろ自我を強くし、脳を活性化し、偉大な発明や作品を生み出すことにつながったと考えられます。

第4章

どのようにすれば人間関係が改善できるのか

仕事では人間関係を改善せざるをえない

仕事において顔を合わせる人と相性がよければ、問題なく付き合っていけばいいでしょう。しかし、相性が悪い場合はどうすればいいでしょうか。

友人関係のような、自分で続けたりやめたりできる自由な関係であれば、相性がいい人とだけ付き合えばいいのかもしれません。しかし、仕事ではそうはいきません。たとえ相性が悪くても、長時間向き合って、仲よく作業をせざるをえないことはよくあります。

相性が悪いことが仕事にとってマイナスに働くことは、現実にあります。しかし、チームを強くするのに、相性の悪い人と組むことが必要な場合も少なくありません。

仕事をするチームを脳にたとえると、情報を右脳2次元の人が受け取り、左脳2次元の人が詳しく解析し、左脳3次元の人が本質から考えてどうするか判断し、右脳3次元の人が実行する。これが組み合わせとして理想的だと私は考えています。

そのようなチームは、脳からみてそれぞれの人の能力を最大限に発揮させ、様々な状況に対応できる、強くてしなやかなチームになるのではないかと私は考えています。ということは、仕事にはすべての脳の使い方の人が必要で、問題は脳の使い方に合わせて適所に適材を配置しているかどうか、ということになります。

いいチームをつくるには、相性が悪くて、お互い気にくわないと思っているメンバーの不協和音を減らすことが、きわめて大事になります。つまり、相性を「不可」や「可」からせめて「良」に変えると、チームとしてまとまりがでてきます。

仕事を真剣にやればやるほど、自分の脳の得意な使い方が前面に現れてくるので、相性が浮き彫りになってきます。たとえ相性が悪くても、それをよくしていくことが、いいチームをつくり、困難な仕事で目的を達成できるかどうかを分けるといっていいでしょう。

相手の脳の特徴を知ることが第一歩

相性をよくするには、孫子の言葉のように、まず「敵（相手）を知る」ことが第一歩です。相手はどのようなことで心が動くかを知ることです。前述した通り、心を動かすには原則を知る必要があり、やはり左脳と右脳の違いが大きなポイントになります。

左脳主体であれば、なぜこれが必要か、論理を説明することが重要です。左脳３次元主体の人であれば、物事の本質を説明すること、左脳２次元主体の人であれば、その人の信じる原理を理解して、そこからスタートして説明することが、相手を動かすことにつながるでしょう。

一方、右脳主体であれば、人間関係がよくなれば、心が動くようになります。まず「この人は自分の味方である」と思ってもらうことです。心を閉ざされて「嫌なやつだ」と思われては、いくら正しいことをいっても心に響きません。まずほめて、味方だと思ってもらうことが大事になります。そこをベースにすれば、右脳３次元主体の人は闘志がわきやすいタイプなので、多少厳しい環境でもプラスに働きます。右脳２次元主体の人は常に相手のことを中心に考えているので、気にかけて認めてもらえることがプラスに働くでしょう。

相手を知った後は、「自分を知る」ことが大切です。もし相手を動かす脳の使い方が自分は弱いと思えば、そういう脳の使い方を意識して身につける必要があります。

相性をよくするには自分の脳の使い方を変えるしかない

相性を少しでも改善するには、自分の得意な脳の使い方にプラスして、相手が動く脳の使い方を身につけるしかありません。それは決して簡単ではありませんが、仕事をしていく中で、自分の脳が鍛えられ、改善されていきます。

論語に「君子は和して同ぜず、小人は同じて和せず」という言葉があります。君子は、様々な脳の使い方ができるので、仲たがいせず、付和雷同することもなく、チーム全体をいい方向にもっていけるのでしょう。対照的に、小人は動物脳が主体なため、すぐに同意します。しかし、心の底からそう思っているわけではないので、期待される役割を果たさず、チームの足を引っ張ります。おそらく君子も、生まれつき優れていたわけではないでしょう。相性の悪い人と仕事をして、その出会いを成長の糧にするうち脳が自在に使えるようになったので、チームを引っ張る存在になったのでしょう。

徳川家康は、若いころは律義者で、年をとると〝狸おやじ〟という、正反対の面をみせました。

それは、彼が様々な人間関係でもまれて成長し、相手に合わせて脳を使えるようになったためかと思われます。

人間関係ほど難しいものはありませんが、それを自分の脳のプラスにするかマイナスにするかは自分次第なのです。

脳の使い方の偏りは武器にも苦しみの元にもなる

前章では、脳を偏って使っている人たちの相性の話をしました。しかし、現実には、両方の脳をある程度バランスよく使っている人もたくさんいらっしゃいます。

そのような人たちは、いろいろな脳の使い方ができ、様々な人の考え方を理解できるため、偏った人に比べて周囲と相性がいい人が多く、たとえば講師をやると多くの人の心をつかみます。

ただし、前章でも最後に述べましたが、脳の偏りがあることは決して悪いことではありません。ある偏った部位を使い続けることで、その脳の使い方のレベルが高くなるわけで、偏りこそが社会で生きていくための大きな武器、つまり才能になります。偏っている人を避け、ある程度人あたりのいい人だけを集めたのでは、本当の強いチームはつくれません。

しかし、脳の使い方の偏りは、様々な軋轢を生みます。脳タイプが違う相手が理解できず、人間関係に苦しさをおぼえることもあるでしょう。また、得意な脳の使い方のレベルが上がると、さらに脳のバランスが崩れるため、結果として人間関係の苦しさが増すともいえます。自分の得意な脳の使い方のレベルが向上するほど、人間関係をよくする脳の使い方を意識しないと、仕事で思わぬ墓穴を掘ることにもなります。

最初はおとなしく一生懸命に仕事に取り組んでいた人が、仕事ができると評価されたとたんに傲慢になり、周囲への配慮がなくなり、職場を辞めざるをえなくなるということがあります。「驕る平家は久しからず」といいますが、それほど脳の使い方は油断がならないものです。そういう意味でも、「偏りを伸ばすこと」と、その一方で「相性をよくする努力をすること」は、仕事をする上で両輪になると思われます。

相性を改善するための各論

では、それぞれの組み合わせについて、両者がどのように脳の使い方を改善したらよいかを述べていきます。

〈1〉 左脳3次元 VS 左脳3次元

基本的に相性がよく「優」なので、仕事で組むにはいいと思われます。

もちろん仕事のみではなく、ホンダの創業者・本田宗一郎とソニーの創業者・井深大の関係のように、プライベートでもお互いに尊敬し合う関係になれます。

〈2〉 左脳3次元 VS 左脳2次元

相性は「可」から「良」です。

関係を改善するには、まず左脳3次元主体の人は、左脳2次元主体の人が信じている原理を理解して、自分と合わないと思っても否定しないことです。否定され追い詰められると攻撃的になるのが左脳2次元主体の人の特徴なので、原理を否定すれば人間関係が悪化することは必定です。

一番いいのは、本田宗一郎と若い技術者のように、共通の目的に向かって左脳3次元と左脳2次元を使って協力することです。そのためには、左脳2次元主体の人が左脳3次元の使い方を学ぶ必要があります。自分が掘り下げていることの方向性が間違っていると、左脳3次元主体の人との関係改善は困難になります。

一方、左脳3次元主体の人は、特有の厳しさだけではなく、右脳2次元の情をもって、左脳2次元と付き合うことも大事でしょう。左脳2次元主体の人は、孤独感から自分特有の信念にしがみついていることも多いので、強い孤独感で弱っているときには有効となる場合もあります。

左脳2次元主体の人の中で、思考停止し原理主義的になっている人については、左脳3次元主体の人は、考えの浅さに辟易してしまうので、人間関係が困難になります。

左脳3次元主体の人が本質をわかっているからと左脳2次元主体の人を抑えると、争いになるだけであまり有効ではないようです。これは、米国と原理主義国家とをみても明白です。やはり、右脳的な寛容や感謝による関係改善しか道はないと思われます。

左脳は攻撃的な脳なので、ひとつ間違えば人間関係が大変なことになりますが、お互いに脳の使い方を改善する努力をすれば、企業間の競争に強いチームをつくることが可能になります。

〈3〉 左脳3次元 vs 右脳3次元

脳の使い方としては根本的な違いがあるので、相性は「不可」です。

解決策としては、まずお互いの違いを認識して、違いに関して感情的にならないことです。そして、それぞれが自分の特徴を生かせる場で仕事をするとよいでしょう。質が必要な仕事であれば左脳3次元主体の人が、量が必要な仕事であれば右脳3次元主体の人が行うべきで、間違っても逆にしないことです。

左脳3次元主体の私は、患者さんの命がかかる手術を行う、高い質が求められる職場で右脳3次元の人と長く働くと、彼らの質より量を求める姿勢に対してどうしても厳しくなります。多少失敗しても手術件数を増やそうなどとする姿勢があれば、ぶつかることになります。

まずは、お互いが全く違う脳の使い方をしていることを認識することが大切です。その上で、それぞれの特徴を生かして、目的のためにどのような役割を果たせばいいかを見出すことです。自分を生かせる持ち場につき、適切に役割分担して働けばうまくいきます。

左脳3次元主体であれば、高い質を追求して製品を開発するような仕事。右脳3次元主体であれば、その製品を売り込む営業のような仕事をすれば、お互いにプラスになります。

人間関係をさらに一歩進めるためには、両者とも右脳2次元を鍛えて使えるようにすることです。そうすると、より協力し合えるでしょう。

右脳3次元が主体と思われる豊臣秀吉の優れたところは、左脳3次元主体らしき徳川家康に小牧長久手の戦いで敗れたとき、母親を人質に差し出すくらい下手に出たことです。つまり、右脳2次元を働かせ、可愛げを見せたことです。彼のなりふりかまわぬ姿勢が、軍事的には大きな脅威であった家康への抑止力となりました。

〈4〉左脳3次元 vs 右脳2次元

相性はある程度よく、「優」から「良」です。ただし、「優」にするには、左脳3次元主体の人は右脳2次元を、右脳2次元主体の人は左脳3次元をある程度使えるようにすることが必要です。

好例は武士道です。武士道は、左脳3次元の「義」と右脳2次元の「仁」が組み合わさった脳の使い方だと私は考えています。

元々、義に傾いた人もいれば、仁に傾いた人もいるでしょうが、幼い頃からの教育により反対側の脳も使えるようになっていたので、幕末の日本では人間同士の相性がいい、結束の固い集団をつくれたのでしょう。それが、前述した大久保利通と西郷隆盛の関係です。

国家の問題で対立して悲劇的な最後を迎えましたが、紐帯がきわめて強い人間関係であったことは間違いありません。１８７８年、大久保が紀尾井坂で暗殺されたときに、西南戦争で敵と味方に分かれた西郷からの手紙をふところに入れていたことが、余人にはうかがい知れない深い関係を物語っています。

〈5〉 左脳2次元 vs 左脳2次元

左脳２次元主体の人同士は、原理が合えばいいのですが、合わないと関係が厳しいので、相性は「良」か「不可」となります。

原理主義といっても、様々な状況がありえます。たとえば、信じているものが「仁義礼智信」のような普遍的な真理、つまり脳を向上させるものであれば、全く問題はありません。むしろそういうことは、生きる原理として子供のころに教育した方がいいと私は思います。戦後、自由が大事ということで、このような生き方の教育まで否定したことが、日本を駄目にしていることは、多くの人が感じていることでしょう。

また、原理主義でも思考停止しておらず、より真理に迫ろうとしていれば、それも問題ないでしょう。成熟した宗教は、そういう面があると感じます。

しかし、思考停止した原理主義であれば問題です。原理が合わないことが理由となって世界で起きている紛争は、相手が地上から消えるまで攻撃するような陰惨なものです。脳機能を向上させるのにプラスにはなりません。

解決策としては、左脳2次元主体の人が左脳3次元を使い、「自分の信じていることは世界共通の真理になりうるのか」という視点で脳の使い方を改善していくことです。それができれば、大きな問題にはならないでしょう。

ただし、原理主義は、厳しい環境でつくられた脳の強固な回路なので、改善するのはきわめて難しいといわざるをえません。改善しがたい、思考停止した原理主義者同士であれば、最低限できることとして、相手の信じる原理がたとえ自分と合わなくても、接触したときは否定はせずに、できるだけ相手を尊重するべきでしょう。

その原理主義者とは、正面からぶつからないことです。「境界型人格障害」という強烈な攻撃性をもつ病気がありますが、それへの対応に似て、決して相手の攻撃性を刺激しない、のれんに腕押しのような対応をしながら、相手があきらめるのを待つしかありません。

〈6〉左脳２次元 vs 右脳３次元

空間を支配しようとする右脳３次元と言葉主体で原理主義の左脳２次元は、基本的にはあまり相性がよくなく、「可」から「不可」となります。

解決策としては、右脳３次元主体の人は右脳２次元を、左脳２次元主体の人は左脳３次元を使うことでしょう。

戦前の全体主義、共産主義国家、さらに過去の歴史にある宗教国家は、きわめて好戦的な面がありました。自分にとって気持ちのいい原理を１００パーセント信じる、つまり左脳２次元を使うことにより、空間的に広がって行動、たとえば戦闘がしやすくなる、つまり右脳３次元を使いやすくなります。これは信じているものが同じなためですが、信じているものが違う者からは、きわめて危険な集団に見えます。強い攻撃性から、やがて周囲と衝突して悲劇につながる可能性が大でしょう。

それを防ぐためには、左脳２次元主体の人は、まず左脳３次元の本質に向かう力を鍛えることです。右脳３次元主体の人は、まず右脳２次元の周囲に対する情をもつような脳の使い方をすることが必要でしょう。そのような脳の使い方をすると、迷ったり攻撃性が鈍ったりしますが、大きな悲劇を防ぐには、そうするしかないと私は考えています。

〈７〉左脳２次元 vs 右脳２次元

左脳２次元主体の人は言葉をベースにした原理を中心とし、右脳２次元主体の人は人間関係の緊密さを重視するので、お互いを理解するのが困難であり、相性は「不可」になります。ただし、前者が高い志をもっていれば、お互いに理解はできなくとも、相性は「良」になります。

解決策としては、まず互いに違うということを認識することでしょう。そして、それぞれの特徴を生かせる部署で働くとよいと思われます。狭い分野で質を追求する仕事は左脳２次元主体の人が、深い人間関係が必要な仕事は右脳２次元主体の人が担当するべきです。目的を達成するために自分は何で協力できるかという視点で、各自の果たすべき役割を見出すしかないでしょう。

論語に「剛を好めども学を好まざれば其の蔽や狂」という言葉があります。左脳２次元主体の人は、一般的に剛、つまり信念を曲げずに突き進む人といえるでしょうが、多くを学んで広い視野から本質をみる左脳３次元の脳の使い方ができれば、右脳２次元主体の人の協力を得やすくなるはずです。

ノーベル賞を受賞した下村脩さんの例を前章であげましたが、信念があって仕事にしか興味がない夫に、妻がついていくのに苦労しながらも、志に敬意をはらって支えるという、いい組み合わせになるかもしれません。おそらく昔の多くの夫婦はそうだったのでしょう。

〈8〉 右脳３次元 vs 右脳３次元

お互いに空間を支配しようとするため、動物のなわばり争いみたいなもので、相性は「可」となります。特に、右脳３次元が動物脳と結びついて能動的になると、活発で声も甲高く、エネルギーで周囲を圧倒しようとするので、その傾向が強くなると私は考えています。

解決策としては、右脳３次元主体のままでは同じ右脳３次元主体の人とぶつかりやすいので、右脳２次元を使うようにします。さらに左脳３次元を使えば、互いの人間関係が深まるのではないかと思われます。

企業は本来、右脳３次元的な、シェアを上げようとする面が強いものですが、戦後創業した企業のホンダやソニーには、深い人間関係と本質をみる力、つまり左脳３次元と右脳２次元の要素もあったと私は思っています。両社の企業理念は「今までにない新しいものを生み出す」という質にこだわったものでした。

企業はどうしても製品の質よりは量、つまりどのくらい売れるかにこだわります。複数の企業が似たような製品を売っていれば、右脳３次元的ななわばり争いが起こるものです。しかし、それでは各社が消耗するだけで、決して日本のためにはなりません。

ホンダ、ソニーは無意味な争いをせず、左脳３次元を使って質を向上させ、他の企業とは別次元の製品を創りました。そして、中枢にいる人たちが結束して同じ夢を追い、短期間で世界的な企業に成長しました。

大阪の松下幸之助が「東京にはソニーといういい研究所がある」と、ソニーの製品を松下電気（現パナソニック）が真似したという話がありますが、新しい技術の開発は他の企業にも恩恵があり、日本全体にプラスになります。

ただし、右脳３次元主体同士のなわばり争いには、左脳２次元主体同士の抗争のような、救いのない陰惨な印象はありません。エネルギーが伝播するせいか、その後に若い芽が出てくるのも歴史的な事実です。右脳３次元主体と思われるナポレオンや戦前の日本も、その拡張するエネルギーが様々な民族の独立を促しました。おそらく、栄えるとまた滅びるという、右脳的な自然の循環に沿った動きから、若い芽が出てくるのでしょう。

〈9〉右脳3次元 vs 右脳2次元

相性は「可」ですが、それぞれ相手の要素があれば、相性はもっとよくなります。

右脳３次元主体の人が右脳２次元の使い方が弱い、言い換えると場をしきりたがり仲間への情をあまり示さない場合は、右脳２次元主体の人が左脳３次元を働かせて、つまり現場から本質をみて、相手をコントロールする姿勢が必要でしょう。

西郷隆盛は右脳２次元が主体だと思われますが、それだけではなく、物事の本質をみる力があり、左脳３次元の使い方にも優れた人でした。西南戦争では、薩摩の士族たちが弾薬庫を襲うという、彼からすれば予想外の事件が起こり、流れを止められなくなりましたが、それまではいきり立つ薩摩の武士軍団の重石として、人々の尊敬を集め、暴発を防いでいました。薩摩武士団のようにエネルギーがあり暴発しやすい右脳３次元主体の人たちには、情と合理性を状況に応じて使い分けることが肝要なのでしょう。

また、右脳3次元主体の人は、右脳2次元も使うと右脳2次元主体の人との関係がよくなると思われます。

豊臣秀吉が生きている間に、強力なライバルがいるにもかかわらず政権の転覆がなかったのは、彼が右脳2次元も同時に使えていたためだと思われます。彼に仕えてきた武将たちは、前田利家を筆頭として、恩義を感じて彼を支え続けました。

右脳2次元の情と右脳3次元の空間を支配しようとする脳の使い方は、相反する面がありますが、人間関係を主としていることは同じです。長く繁栄する組織をつくりたいのであれば、右脳3次元の人に右脳2次元の要素は欠かせないと思われます。

〈10〉 右脳2次元 vs 右脳2次元

相性は「良」です。これほど幸福感のある関係はないかもしれません。日本人の原点といってもいい、温かい人間関係といえるでしょう。

しかし、「優」にならないのは、今のように世界に窓が開かれた時代には、この関係だけではまわりの進歩から取り残され、決して最後まで幸せなままではいられないのではないか、と感じるからです。また、平和な時代には、相手に気をつかって消耗するだけの「可」の関係になる恐れもあります。

危機を乗り越えるには、左脳3次元の脳の使い方をプラスして、時代の本質を見極めることです。そうしないと、戊辰戦争の時の会津藩や、明治時代に西南戦争を起こした薩摩武士の悲劇のようになりかねません。美しい人間関係だとは思いますが、要注意な関係でもあります。

「日本人には素晴らしいリーダーがひとりいればいい。現場で働いている人たちは優れている」とよくいわれるように、左脳3次元が優れた有能なリーダーと右脳2次元主体の人たちが組めば、家族的でなおかつ進歩する、日本人の強みを生かした集団になるでしょう。

自分の脳を改善する方法

人間関係を改善するには、自分の脳の使い方を改善するしかありません。そのためには、まず動物脳主体にならないことです。人間脳主体になるには、人間学、つまり人間の生き方を学ぶことが役立ちます。これは脳のタイプに関係なく、一番必要なことです。

動物脳主体にしないというのは、動物脳を抑え込むのではなく、動物脳のマイナスの部分、つまり憎しみ、恨み、嫉妬のような負の感情に引きずられないようにして、それらを脳にとってプラスになるように使うことです。

「同じ人生であれば笑って過ごした方がいい」というように、マイナスの感情よりプラスの感情が自分の脳を働かせ、周囲の人にも感情が伝播して、人間関係を改善するのは間違いありません。さらにいえば、マイナスの感情が強ければ強いほど、それを努力してプラスに転化したときの喜びは大きくなります。

人間脳が主体になると、次のステップは、左脳が主体か右脳が主体かによって改善法が異なります。

左脳型は、まず自分の武器である左脳のレベルアップをする必要があります。そのためには、今まで改善法の各論でのべたように、左脳3次元のレベルアップをすることがポイントになります。なぜならば、左脳は質を追求する脳なので、本質を追求する左脳3次元の使い方が、質を上げるためにより重要になるからです。そして、さらに右脳2次元を使えるようにすると、周囲の人が動くようになります。

右脳型は、まず自分の武器である右脳のレベルアップをする必要があります。そのためには、右脳2次元のレベルアップをすることが大事です。なぜならば、右脳は人間関係に関わる脳なので、緊密で深い関係を築く右脳2次元の使い方が、人間関係を改善するのにより重要になるからです。そして、さらに左脳3次元を使えるようにすると、自分の立ち位置がふらつくことなく、人間関係をより強固にできるでしょう。

以下、改善のために具体的には何をすればいいのかを述べていきます。

〈1〉 左脳型が左脳3次元を鍛えるには

①徹底的に言語化する。

ユダヤ人はまさしく左脳型の民族です。子供のころから分厚い教典を覚えて、左脳3次元を鍛え、論理や競争に強い人間として育まれていることは間違いないでしょう。

徹底的な言語化が、左脳3次元を鍛える第一歩です。作家などは、その典型になります。

私も、手術を徹底的に言語化して、10年経っても同じ手術が再現できるようにしています。細部まで精密に手術を記憶するには言語化することが必須です。最初は言語と現実のギャップがあり、言語化した通りに現実の手術が進むのは全行程の半分くらいしかありませんでした。言語にとらわれすぎたせいもあり、予想外の出来事への対応が難しいこともよくありました。しかし、手術のたびに言語化したデータを追加することを数年続けた結果、全行程の8割か9割が言語化した通りに進むようになり、残り1割の予想外のことにも落ち着いて対応できるようになり、トラブルがほとんどなくなりました。

精度の高いことを行うには、徹底的な言語化が必須である。それをやってきてよかった。そう今は考えています。

②常に本質からスタートする。

自分のやっていることが、物事の本質からみてどうかという発想を常にもつことです。医療においても、自分の得意な技術からスタートして治療法を決めてしまいがちですが、もっと上の本質、つまり患者さんが治るかどうかという視点からみれば、全く違う治療法が検討できるようになります。本質からスタートすることで、大きな無駄、あるいは悲劇を防ぐことができます。

我々も、なんとしても手術を安全に行いたいと願っていろいろ研究し、全身麻酔を使わない覚醒下手術を10年前から行うようになりました。200例以上行って確信したことは、「覚醒下手術が本質である」ということです。途中で患者さんの症状が悪くなった場合、その瞬間に手術をストップでき、症状を悪化させる心配のない手術は、覚醒下手術しかありません。全身麻酔では、手術中に悪化したかどうかは確認できないわけです。本質を再確認することにより、当院では手術成績が飛躍的に向上しました。

③細部をおさえて本質に迫る。
本質をみているだけでは、実際のことがわかりません。「細部に神が宿る」という言葉のように、細部を知らないと本質がみえてこないことはよくあります。

代々、ホンダでは車のデザインは社長が最終決定するという話がありますが、現場の具体的なことをある程度把握していないと、本質をおさえていると思いながら、現実離れした方向にいきかねません。

『八重の桜』というドラマに、西郷頼母という家臣が登場します。戊辰戦争で会津が籠城することになったときに、「勝ち目がない戦をしてはいけない」と、ひとり降伏することを説き、城から追放されました。彼は肝心な緒戦の白河の戦いで、大将として臨んで敗北を喫します。戦いに勝つという、侍として一番大事な現場を考えずに本質をおさえても、誰も耳を傾けてくれないのは仕方がありません。

私は30年以上手術を行ってきましたが、現場の細部をすべておさえるのが基本であると思っています。どれほど高い理想を掲げても、手術室を出るときに患者さんがいい状態でなければ、理想が足元から崩れてしまいます。そういう意味でも覚醒下手術ほど安心な手術はありません。なぜならば、手術室を出るときに、というより手術が終わった瞬間に、患者さんがいい状態かどうかがわかるからです。

〈2〉左脳型が右脳2次元を鍛えるには

①なぜ右脳2次元が必要か論理で考える。

左脳主体の人は、論理で納得しないと、本当の意味では気持ちが動きません。論理的に合わない話だと気持ちが悪いのです。

左脳型が右脳2次元を鍛える理由は、次の論法で説明できます。自分ひとりの力ではとうてい自分の志を遂げられない、そのためには目的に向かった集団をつくらねばならない、そのためには人の心を動かすことが大事である、そのために右脳２次元を鍛える必要がある、というわけです。

徳川家康は、左脳３次元主体であると私は考えていますが、一番大切にし、もっとも力の源となったのは、家臣団との強力な結束でした。天下をとるには左脳３次元の本質をみる力だけでは不十分で、さらに右脳２次元的な深い人間関係が必要であると、家康は考えていたに違いありません。そこが織田信長と違うところです。

司馬遼太郎の『国盗り物語』に、負けるのが必定の武将を齋藤道三が助けに行く場面がありました。その武将は感激して、その後、道三の味方になるのですが、じつはそこには左脳３次元と思われる道三の計算がありました。「地獄に仏」という言葉があるように、人は本当に困ったときに助けてくれた人の恩は、一生忘れないものです。

本田宗一郎もやはり、ホンダが倒産しそうになったときに助けてくれた三菱銀行の融資担当者に感謝し続け、後にホンダに迎えました。

左脳的で冷徹な言い方をすれば、厳しい状況にある人を助けるくらい効果の高い人間関係の結び方はありません。困っている人を助けることが人間関係の本質的な部分であり、質を重んじる左脳型に合う脳の使い方といってもいいでしょう。

②左脳のやり方で右脳2次元を実行する。

左脳には左脳のやり方があります。右脳主体の人のように人前で派手にやるのではなく、いわゆる陰徳のように、一見冷たいようで陰で人のために動くのが、左脳型にとっては心地のいいやり方になります。

大久保利通は冷静で計算高い印象があり、自分のためにお金をせっせと貯めているのだろうとまわりの人に思われていました。しかし、彼が亡くなった後でわかったのは、国の予算がつかないけれど人の役に立つ事業のためにお金を使い、借金しか残っていないということでした。

人のためになることを陰でやるのが、左脳型のひとつのやり方になるのでしょう。こういうハードボイルドな話は、映画でハンフリー・ボガートが得意とした役柄でした。

③右脳を意図的に使い、結果を出す。

左脳型は結果を求めます。人間関係でも、それ自体に満足を見出す右脳的な考え方ではなく、共通の目標をもつ人間関係をもとに社会で結果を出すことで、心から納得します。

徳川家康は「家臣には惚れさせねばならぬ」と語っています。これは西郷隆盛のように自然に人が寄ってくるような魅力をもつことではなくて、「自分が家臣以上に努力することで家臣を心服させる」という意味でした。

左脳型の人はどう逆立ちしても、西郷隆盛や豊臣秀吉のような人たらしにはなれません。むしろ、少ない人数でもいいから、深い信頼関係をつくって結果を出す。つまり、結果を出すために右脳2次元を意図的でもいいから「これは」という人に限定的に使う、という方が現実的だと思います。

〈3〉右脳型が右脳2次元を鍛えるには

①損得抜きの人間関係を築く。

右脳型の一番の強みは、強くて深い人間関係です。「あいつのためなら損得抜きで一肌脱いでやろう」と人を惚れさせることが、もっとも強くて深い人間関係を築きます。とことん相手のためになるように動くことが、強い絆につながります。

乃木希典は、司馬遼太郎の『坂の上の雲』で無能な将軍として描かれましたが、最近は「旅順要塞を攻め落とすのに死傷者がロシアとあまり変わらなかったということは、戦いとしては相当成功した部類である」と評価が高まってきています。通常、要塞を攻撃する側は守る側の何倍もの死傷者が出るからです。右脳2次元主体らしき乃木が成功した理由のひとつは、兵士が乃木の人間性を敬愛し、厳しい戦況でも彼の部下である誇りをもって勇敢に戦ったからでしょう。

このような理屈を越えた損得抜きの人間関係が、日本人が世界で通用するための最大の武器である、といっても過言ではないでしょう。

②24時間美しく生きる。

右脳を使う最大の快感のひとつとして、美があります。女性が美にこだわるのは、男をひきつけるためという本能的なものもあるでしょうが、美自体が脳を活性化する力があると私は考えています。実際、学術的には、魅惑的なものをみると報酬系が活性化されるという報告があります。昔、エリザベス・テイラーが出演した映画『別離』で、男に捨てられまいと整形をして美しくなったら、逆に男に捨てられたという話がありました。見た目の美しさのみでは脳への刺激が単調で、報酬系が一時的に活性化されるだけなので、相手の想いは長続きしないのでしょう。

人間の本当の美しさは生き方にあると私は考えています。

江戸っ子や武士は、美しく生きることが根底にありました。西郷隆盛が周囲の人々に敬愛された理由も、人に優しく自分に厳しい、美しい生き方をしていたからと考えられます。

私の空手の師匠である瀬戸謙介先生も、24時間美しく生きることをモットーとしています。空手を教えるには言葉も重要ですが、弟子たちは師匠のふだんの生き方を見て心服し、なおかつ親近感をもっているように感じられます。

③汗を流す。

右脳を納得させるのは言葉より行動です。いくらきれいごとをいっても、行動が伴わなければ信用されません。どれくらいその人のために汗を流したかが、特に右脳型の人が人を評価する大きな基準となります。

西郷隆盛は、常に人のために汗を流す人でした。彼と村田新八が島津久光の怒りをかって島流しになり、その後、情勢が変化して西郷が赦免されたときに、彼は危険を顧みず新八がいる島に行き、薩摩に連れ帰りました。新八はその恩を忘れず、ヨーロッパに一年以上留学し西洋的な考えに触れた後も、西郷を慕って鹿児島に帰り、西南戦争の最後まで行動を共にしています。

遠藤周作さんが語っていましたが、医療にもそういう面があります。彼は病気がちで長い間入院しており、医師に対しても技術や知識より、どれくらい気持ちをこめて自分のために汗を流してくれるか、ということを重視していました。人のために汗を流す人が、長くて暗い入院生活に一条差す光となっていたのでしょう。

〈4〉右脳型が左脳3次元を鍛えるには

①左脳3次元の優れた人から学ぶ。

右脳型は人間関係を築くのが上手いので、左脳3次元の優れた人を見抜く目があれば、その人と親しくなりその人から学ぶ方が、本を読むより手っ取り早く効率的です。

坂本龍馬はそういうことに長けた人で、勝海舟に弟子入りして可愛がられたのが、飛躍のきっかけとなりました。司馬遼太郎は彼を評して「可愛げがある」という表現をしましたが、人から学ぼうとする明るさが、可愛げがあると思わせ、優れた人から時代を見抜く知識や見識を学び、身につけることができたのです。

優れた脳の使い方は本を読むだけでは身につきません。千変万化の現実の中で、人がどのように考え行動するかを、近くにいて学ぶことが大切です。特に、左脳3次元の本質をつかむ脳の使い方をする人から学ぶことによって、どの時代にも対応できる普遍的で優れた脳の使い方がわかるようになります。「可愛げ」をもって優れた人の影響を受けることが、右脳型が飛躍するきっかけになるでしょう。

②普遍的な生き方の原理を細胞に染み込ませる。

江戸時代に寺子屋で行われていた論語の素読は、幼い頃から意味もわからず論語を覚え、成長するにつれて現場で意味がわかってくるという教育法でした。人類の叡智ともいうべき論語や聖書を覚えていると、人生の様々な局面でその言葉を思い出し、生きるための指針を示してくれることになります。

『八重の桜』に出てくる会津藩では、子供のころから「什の掟」を習い、動物脳をコントロールできるようにしていました。「ならぬことはならぬ」という「義」を大切にする気風により、偽勅をもって会津藩を賊軍に仕立てた官軍に、理不尽な形で屈するのをよしとせず、多くの死傷者を出しながらも抵抗しました。圧倒的な軍事力の差がありながら、「会津」という名を惜しんで、負けることを承知で戦ったのは、おそらく子孫のためではないかと思います。

先祖の生き方に誇りがもてるときには、優秀な人が多く出てきます。実際、明治になって、会津から多くの偉人が輩出しました。

③現場から本質をみる。

右脳2次元は周囲の細かな動きや変化がよく見えます。そのため、まわりの人にきめ細やかな対応ができます。日本に来た外国人が「日本人は親切だ」と驚くように、日本人は世界的に見ても、現場での対応力が一番強い民族でしょう。

さらに日本人は、現場を「道」にもっていく力があります。たとえば米国ではベースボールはあくまでもスポーツですが、日本では「野球道」という、野球をすることで生き方までも向上させようという取り組み方をします。「道」というのは、千変万化の現場の中に動かない本質をみつけようとした、日本人特有の優れた脳の使い方でしょう。

なお、本質をみるにはふたつのアプローチがあると私は考えています。推理小説でいうと、ヴァンダインとエラリー・クイーンというふたりの作家は、犯人を特定するアプローチが全く違います。ヴァンダインが描く探偵は、このような犯罪を行うのはこういう性格の犯人しかいないと、犯罪の本質から迫る、今でいうプロファイリングのような推理をします。一方、エラリー・クイーンが描く探偵は、誰もが見逃すような現場の些細な手がかりから犯人をみつけるような推理をします。

現場から本質に迫るには、両者のアプローチが必要でしょう。まず現場で、なぜこれが起こったのか本質を自分に問いかけます。この作業は左脳型は簡単にできますが、右脳型は意識しないとできないでしょう。さらに、自分の考えた本質を現場で実行して、些細な変化でも見逃さず、間違っていないか確認します。細かな観察は右脳型が得意なはずです。このような作業を繰り返すことで、現場から本質に迫ることが可能になるでしょう。

以上が自分の脳の使い方を向上させる方法です。

人間関係の難しさもすべて自分の問題だと思うと、相手に振り回されずに自分が向上することに集中できます。たとえ結果として人間関係が改善できなくても、自分が向上するという果実を得ることができます。そういう意味では、どんな人でも人に接すれば接するほど、自分が鍛えられることになります。

脳の使い方を向上させるために、この章で述べたステップを実行していくと、ジグゾーパズルにひとつひとつのピースをはめるように、自分の進む道に迷いがなくなっていくであろうと思います。

第5章

「脳を活性化する会」での実例

私も参加している「脳を活性化する会」の理事長である本田ゆみ先生が、相談者に脳テストを実施した上でカウンセリングを行っており、めざましい実績をあげています。

その実例をこれから紹介します。ただし、個人情報の問題があるので、個人を特定できないように、内容を若干変えています。

《実例1》相性に関する質問と答え

教室で脳テストをして、苦手な脳タイプ、気の合う脳タイプ、自分と違う脳タイプの印象など、相性に関する質問をして、参加者に答えてもらいました。

〈左脳3次元主体の人への質問と答え〉

●苦手な脳タイプは？　……　右脳3次元の人。

●気の合う脳タイプは？　……　右脳3次元以外の人なら付き合える。

●右脳型の印象は？……自分勝手でまわりの人をふりまわす。思考に脈絡がない。議論しても楽しくなさそう。

〈左脳2次元主体の人への質問と答え〉

●苦手な脳タイプは？……自分のことばかり話す人。時間の約束を守らない人。挨拶ができない人。大声で感情的な人。

●気の合う脳タイプは？……人の話をきちんと聞く人。議論できる人。一緒にいてしゃべらなくても気にならない人。

●右脳型の印象は？……いつも元気が良い。明るい。笑顔がよい。感覚的。人前で派手なパーフォーマンスができる。

〈右脳3次元主体の人への質問と答え〉

●苦手な脳タイプは？……左脳3次元の人。打っても響かないテンポの悪い人。理屈っぽい人。

●気の合う脳タイプは？……打てば響く人。ユーモア、ジョークのわかる人。

●左脳型の印象は？　……　幸せを感じていないように見える。いつも悩んでいる。

〈右脳２次元主体の人への質問〉

●苦手な脳タイプは？　……　自信満々で威圧的な人。落ち着きのない人。テンポが合わない人。話していて反応がない人。

●気の合う脳タイプは？　……　穏やかな人。あまり細かいことにこだわらない人。意思表示をはっきりしてくれる人。

●左脳型の印象は？　……　あまり感動がなく楽しくなさそう。物静か。まじめそう。話しかけづらい。賢そう。

脳タイプそれぞれの特徴と組み合わせごとの相性を前章までで述べてきましたが、上記のアンケート結果を見ると、カウンセリングの現場でもあてはまっていると感じます。

相性の悪さをいかに改善するかが、カウンセリングの大きな課題になります。そのために大事なことのひとつが、自分の脳の使い方を改善することです。次に、「脳を活性化する会」が改善を手助けするために開いている講座を紹介します。

《実例２》ストレス耐性アップ講座

「脳を活性化する会」では「ストレス耐性アップ講座」を開催しています（２０１３年６月現在）。脳テストの結果にもとづいて、左脳クラス、右脳クラス、両脳クラスに分け、参加者がそれぞれの脳タイプに合う方法でストレス耐性をアップできるようにしています。

〈１〉左脳型が左脳を鍛える

徹底的に言語化することによって、左脳型の左脳は鍛えられます。たとえば、中村天風『運命を拓く』などの本を読んで感想文を書き、そこにある考え方を洞察し、それを言語化する訓練をします。

哲人の説く人間学を学ぶと、同時に、生き方の本質がみえるようになります。中村天風は左脳を主体に使っていたと推察され、彼が説く内容は左脳型の人の頭にすっと入っていくようです。

〈２〉左脳型が右脳２次元を鍛える

左脳型は論理が必要なので、まず脳の使い方を理解することです。そうすると、右脳２次元の脳の使い方が、人間関係を円滑にするのに役立つことがわかります。論語は、人間関係を円滑にするために自分に高い基準を課しています。なぜそうなのかを脳の使い方から論理的に理解するには、拙書『脳は論語が好きだった』が役立つようです。

また、左脳は具体的な成果を求めます。自分が右脳２次元を使う、つまり相手のために行動したことが、相手の「笑顔」につながっているか、「ありがとう」と言われるかなど、反応によってやり方が適切であったかどうかをフィードバックします。

左脳型の人は、戦い敗れて自我の中心にある質を否定されると、自信を喪失してひきこもることもあります。そのときに大事なのは「無償の愛」。つまり右脳２次元の究極の形で、母親の愛といってもいいでしょう。また、ふだんは厳しいことをいっている左脳型の人、たとえば父親や上司が無言で汗を流すのを見せることも、立ち直らせるのに効果があります。いずれにしても、厳しい境遇で右脳２次元の「仁」の脳の使い方に触れることは、百万の書よりも、この脳の使い方が大事であるということを納得させるのに役立ちます。

〈３〉右脳型が右脳を鍛える

右脳型は、まずほめて人間関係をつくることからスタートします。しかし、調子がよくなると気を抜くことが往々にしてあるので、少しストレスを与えながら、右脳を鍛えていきます。

そのためには、厳しく美しい生き方を説いている『論語』などを学びます。教えが自分の生き方に結びつくように、できれば毎日最低ひとつは覚え、それをもとに行動することを続けます。

これにはメールなどを用いて、毎日受講生に働きかけることが大切です。特に右脳型が相手に合わせるあまり陥りやすい状態、つまり、その場かぎりの嘘をついたり、無責任になったりしないように気をつけます。そして、論語の勉強をもとに、職場などで人間関係に役立つことを何か考え、実践まで結びつけるようにします。人間関係に役立つ言葉を記憶し実践することで、周囲の人と安定した関係を結べるようになります。

また、言葉だけではなく、一緒に山登りなどをして汗を流し、本気でよくなってほしいと願っていることを行動で伝えます。さらに、瞑想を併用すると、右脳3次元主体で能動的な人にありがちな、あたふたした気持ちが落ち着き、じっくりと課題に取り組むことが可能になります。

〈4〉右脳型が左脳3次元を鍛える

右脳型は、本を読むよりは、講演や講座などを利用して人から学ぶ方がより効果的です。人から学ぶためには、単に表面的なものではなく、どんな苦労があって、それをどのように乗り越えてきたか、何がその人の志で、どうしてそれを志にしたかなどを聞き、自分の生き方の参考にします。また、現場から学ぶのが得意なので、常に現場で「なぜ？」「どうして？」と、現状に至った理由を自問自答し、本質を探ります。

特に左脳３次元を鍛えるには「義」、つまり正義や恩義を現場で生かすにはどうするかについて、左脳３次元の優れた人からアドバイスをもらい、行動して体験し、その実感を繰返すことが自分を納得させる王道です。

また、右脳型はイメージを描くのが得意なので、左脳３次元を生かして仕事を成功させることを、喜びの感情まで含めて具体的にイメージすると、意欲的に仕事に取り組むことができるようになります。

《実例３》脳テストを用いたカウンセリングの実例

本田先生が脳テストを用いて行っているカウンセリングの一部を紹介します。

以下〈1〉〈2〉〈3〉の相談内容はそれぞれ、男女、親子、上司と部下の人間関係をどのようにしてよくするかといったものです。結婚しようかという男女も、親子も、長い間顔を突き合わせているので、仕事と同じように脳の使い方が人間の相性に大きく関わってきます。

〈1〉男女の相性：左脳３次元（女）vs 右脳２次元（男）

■脳テストの結果

男性 30代		女性 30代
26	右脳３次元	13
43	右脳２次元	17
17	左脳３次元	40
13	左脳２次元	30
55	動物脳＋	35
55	動物脳−	35
65	人間脳	60
35	ストレス耐性	45

■女性（左脳３次元主体）からの相談内容

付き合いを始めて６年が経ちます。もう30代なので、子供が欲しい気持ちがある女性としては、そろそろ結婚を考えたいと思っています。

しかし、男性（右脳２次元主体）には結婚に戸惑いがありました。理由は次のことからです。

彼は父親の後継で大工をしていますが、幼少期に父親から暴力を受けていて、父親との確執がありました。そのためか、時折怒りがこみ上げ、暴れたくなる自分を必死に抑えていることがありました。実際は人に暴力をふるったことはありません。しかし、自分が父親と同じように相手に暴力をふるうのではないかと恐れ、家庭をもつことに不安を抱いています。父親と同じ暴力的なものが自分の本性の中に隠れているのではないか、と自分を否定し、信じることができないのです。そのため、過去には自虐的行為に及ぼうとしたほどでした。

■カウンセリング

●男性へのカウンセリングと結果

右脳2次元が苦手とする暴力的な言動、否定的な言動を父親から刷り込まれたことがわかりました。右脳2次元は温情脳で、相手中心で自分の言動があります。これは、相手への思いやりや慈悲の気持ち、あるいは、共感し、喜ばせようとするサービス精神になります。たとえ父親に復讐心がわき、その行動計画を立てたとしても、右脳2次元なので最終的に暴力的な行為には及ばない、という説明をすると納得しました。

結婚をするかしないか迷っていた最大の原因である、自分が暴力行為に及ぶ心配は、カウンセリングを受けて解消されました。

じつはテストで判明した脳の使い方は、以前から彼女に指摘されていたものでした。彼女は左脳3次元主体なので、本質を把握する能力があることをカウンセリングで再認識し、これまで以上に信頼し尊敬することができるようになりました。

●女性へのカウンセリングと結果

彼女も、自分に不足している右脳2次元を意識するようになりました。以前は彼について、主体性がなくはっきりしない態度という見方だったものが、右脳2次元特有の徹底した相手中心からくる言動だと理解できるようになり、気持ちが楽になりました。

●男性のマイナス面への具体的なアドバイス

彼は動物脳マイナスが55と高いため、状況によっては、逃避や攻撃性が出ることはありえます。それは人を傷つけない程度ですが、過去の父親の姿が強烈な記憶としてあり、理屈はわかっても感情的に自分を信じられなくなることにつながっています。

乗り越えるには、自分が温情のあふれた人間であることを実感することです。そのためには、動物脳の暴走を抑制するのに効果的で即効性のある瞑想や呼吸法（ゆっくり吐く）を習慣にするとよいでしょう。

■二人の相性

右脳型同士であれば感覚で判断し、言葉の定義が必要な左脳型は尊敬し合って成長しますが、この二人の関係は相性がいいといえます。

二人が家庭をもつと、左脳3次元主体の女性の方は子育てという損得抜きの行為をすることになり、右脳2次元の脳の使い方も向上するでしょう。右脳2次元主体の男性の方は家庭を守ることになり、それをつきつめて考えれば、社会貢献をして自分の質を上げる左脳3次元の脳の使い方も向上するでしょう。

子どもは母親から左脳3次元の本質をみる考え方を学び、父親から右脳2次元特有の厚い情を受けることから、安定した理想的な家庭環境で育つことが期待できます。

■カウンセリング後の結果

彼の方も結婚することへの不安がなくなり、双方の同意で結婚することとなりました。

〈2〉親子の相性：左脳2次元（双子の長男）vs右脳2次元（母）
右脳3次元（双子の次男）vs右脳2次元（母）

■脳テストの結果

母親 50代		双子長男 10代	双子次男 10代
24	右脳3次元	13	44
32	右脳2次元	25	35
16	左脳3次元	27	12
27	左脳2次元	35	9
69	動物脳＋	10	65
25	動物脳－	30	65
81	人間脳	60	55
81	ストレス耐性	25	10

■母親からの相談内容

子どものことが理解できなくなりました。双子の次男とは、彼が幼いころからよく話をします。相性はいいと思うけれど、彼は人と違うことをしたがるので時々不安になります。たとえば、寮のある進学校に在籍していて、特に問題があったわけでもないのに、突然寮を出て自宅から片道2時間かけて通学し始めました。帰りは塾に寄るので、毎日帰宅は深夜になります。しかし、本人はとても楽しそうな様子です。成績はよく、東京の有名私立大学を目指し、将来はマスコミ関係か企画の仕事、あるいは自分で何か商売をしたいと考えています。友達は多く、スポーツ万能です。

双子の長男は全く逆で、口数が少なく、私ともあまり話しをしません。そのため、何を考えているかわかりません。気持ちはとても優しい子だと思っていますが、彼からは、本人が思っている自分の像と違うと、いつも反発されます。絵を描くことが非常に得意なので、私は彼が右脳タイプだと思っています。彼はやりたいことがなく、友達も少なく、高校をやめ定時制の学校に入学しました。何を目標にすればいいのかわかっていないようです。理解に苦しみます。

双子でもタイプが違っていて、どのように子どもを理解すればいいのか、また進路をどうすればいいのか悩んでいます。

■カウンセリング

●脳の使い方から見た相性の解析

母は次男のことは理解しやすく、気が合うといっています。理由は、母親は右脳2次元が高く、右脳が優位であり、次男は右脳3次元が高く、同じように右脳優位のためでしょう。右脳2次元は、右脳3次元に引き込まれやすい点はあるものの、物事を感覚的に意思決定するという点などは似ているので、気が合うと思うのでしょう。

一方、左脳2次元優位の長男は、相手中心で考える右脳2次元の母親からは理解しにくいと思われます。彼が進学校をやめたのは、「貧しい国の人々を救済するような仕事をしたい」という理由でした。これは、彼が右脳2次元的な人の役に立つことに興味があり、実現させるのに左脳2次元の使い方が関わっていると思われます。左脳2次元は、選択肢が限定的で「何とか主義」という狭い考えに走りやすく、それが学校をやめるという行動に結びついたのだと思われます。人の役に立つことをしたいという気持ちはすばらしいものですが、その手段を決定した左脳2次元は本質的なことがまだわかっていません。わかっていれば、夢を実現するために進学校で学ぶことの重要性を理解できたでしょう。

また長男は、子どものころから次男と比べ、表情に乏しく元気がない印象をもたれがちだったそうです。本人の「物事が計画的に進まないとやる気が失せた。目標なく何かをすることは苦痛」という言葉からも、彼が左脳2次元の特徴をもっていることがよくわかります。もし、彼の脳について理解を示していれば、右脳2次元の夢を目標にし、実現のために左脳2次元の得意な計画性をもってコツコツと行動を積み重ねることへ、アドバイスが可能となったでしょう。

長男本人は「絵を描くことはそれほど好きでもないし、将来に役に立たない」といっていました。左脳タイプに見えても、芸術や音楽に長けている人がいますが、右脳の表現とは明らかに違っています。右脳型はピカソのように感覚で抽象画などを描くことが多いようで、左脳は見たままを写真で撮ったかのように写実的な絵を描きます。彼は後者であり、やはり芸術にも脳の個性が現れるようです。

相性については、母親と長男はお互いが理解できない「不可」にあたります。しかし長男の右脳2次元を尊重し、正しい信念をもって計画的に夢に向かう姿勢を応援することで「良」になると思われます。

次男との相性は「可」ですが、母親が左脳3次元の本質をみる力を養い、彼に人間脳を高める教育をすれば、「良」になると思われます。

●長男の脳タイプの特徴とそれを生かした進路

長男は左脳2次元主体で、情報を収集してからじっくり時間をかけ計画的に行動します。口数が少ないのは考えてから話すためです。直感的な母親とは会話のリズムが合いません。絵が得意でも、それを将来に生かすほど好きなわけではないのは、堅実で、見通しの立たない芸術家的な職業は選ばないタイプだからでしょう。左脳は目標や目的がない行動をすることが苦手です。高校をやめたのは、学校へ行く目標を失ったためだと思われます。

左脳2次元は自分なりの原理や主義が自分にとって一番重要です。詳細かつ広範な知識があって知的レベルが高く、着実に進歩する安定感があります。彼は、人間脳がある程度高いので、人間学や論語にもとづいた主義を育てるといいでしょう。お薦め書籍として『小学生のための論語』(斎藤孝 著)、『どんどん脳を使う』(篠浦伸禎 著)などがあります。

一方、動物脳プラスはかなり低く、生きる楽しみを自分なりの主義や原理で抑制していると思われます。抑制した反動が将来出る可能性があるので、もっと自分の興味あること、たとえばスポーツなどを楽しみ、日常に計画的に取り入れてみるといいでしょう。

彼が優先するキーワードは、具体例、実直、規則、順序、安全策、準備です。心地いいものは、確立された手順、書面で示された具体的計画、前例ありという保証、信頼性のある行動、予定に沿った行動です。不愉快なものは、飛躍し過ぎるアイデア、現実性や可能性に乏しい話、話題に一貫性がないこと、話や展開が速すぎることです。

脳の特徴から職業は、管理的な面を生かして公的業務あるいは会計分野で才能を生かすのがいいのではないでしょうか。以下に、仕事における才能、適合する仕事、適合する職業を列挙します。

《仕事における才能》

・管理的な才能（決められた計画の進捗管理／スケジュール管理／定期的な報告の管理／判定基準が明確な検査業務）

・事務的な才能（定型業務の遂行／データ入力／伝票処理）

・組立的な才能（製品の組立作業／繰り返しがある作業）

《適合する仕事》

・会計系の仕事（会計伝票の入力／ルールにもとづいた集計／会計報告書の作成）

・総務系の仕事（物品管理／建物管理／業務連絡の徹底／業務命令による業務遂行）

《適職》

会計士／行政書士／社会保険労務士／司法書士／旅行業務取扱管理者／会社の総務職／伝統工

芸職人／金型設計士／義肢装具士／歯科技工士／自動車整備工／学芸員／マーケティングリサーチャー／統計資料事務員／臨床検査技師／細胞検査師／医学研究者

●次男の脳タイプの特徴とそれを生かした進路

次男は右脳3次元タイプで、母親からのコメントもそう思わせます。新奇性があるため、友達が知らないことを発想し行動して、注目されることを好みます。また空間を支配することに楽しみを感じるので、長時間の移動は気分転換になったり、旅行気分で自由を感じたりして、苦痛ではないのでしょう。

右脳3次元は言動の基準が自分の価値観中心です。元気がよく行動力があり、目新しいことをみつけて、あっという間に情報を拡散します。ユーモアもありサービス精神旺盛なので人気者です。シビアで暗めの日本人社会では欠かせない存在になります。

ただし、行動範囲を拡張すると個別のことが浅くなります。人の言動や事象も深く理解せず根拠なく信じるので、間違ったことを信じた場合にそれを広げていくと、人に迷惑をかけることになります。しかし、悪気は全くないのです。

ストレスになるようなことが起きた場合は、約束を破る、連絡を断つなど、ルーズさが目立ち始め、結果的にはやりかけたことを無責任に放り出すこともあります。しかし、これも悪気はありません。責められても、自分に都合のいい正当性を主張します。右脳3次元タイプは愛嬌のよさと切り替えの速さ、ユーモアで人を喜ばせるため、一旦離れた人が再び引き込まれることが往々にしてあります。

これは動物脳が高く人間脳が低い人だけに起こることです。よかれと思って始めたことでも、調子がよくなると傲慢になり、拡張しすぎて結果的に質が落ち、人から信用を失ったり周囲に迷惑をかけたりすることがあります。それを防ぐには、自分の特徴を認識することです。ひとつの物事を深めるよりは、自分にとって必要な情報を広く浅く収集するので、本質を見失うことが多々あります。また、自分の価値観が物差しになっていることに気づかず、自分の考え方を人に押し付けやすく、調子がよくなり傲慢になると最後に足元をすくわれると肝に銘じることです。

右脳2次元を強化することも大事です。そのためには、常に周囲に感謝して、下座に生きることです。常に相手のことを考え、自分を無にして相手のプラスになるように生きることです。左脳が優れた人と知り合い、同じ組織に入ってもらうと、強くて質の高い集団をつくることが可能になります。

彼はまだ10代なので、ストレス耐性を上げることを意識した方がいいでしょう。特に人生のお手本となる左脳3次元、右脳2次元の人をみつけ、人としての生き方を学べば、人間脳をさらに高めることにもつながります。また、動物脳マイナスが高いため、感情の起伏が激しく、ストレスの内容によっては逃避傾向、攻撃傾向が現れます。人や本から生き方を勉強し、つらく感じるときには瞑想やカウンセリングが必要です。お薦めする書籍としては『小学生のための論語』、『あなたの夢はなんですか？』（池間哲郎 著）があります。

彼が優先するキーワードは全体像、新奇性、たとえ話、相乗効果、コンセプトです。心地いいことは、詳細は必要最低限にすること、新奇性と面白さ、ビジュアルで比喩的な表現、自由に研究できるなどです。心地悪いことは、繰り返しの言葉で執拗に注意される、ユーモアに乏しい、安全策、定石通り、話が細かく緻密などです。

脳の特徴から職業は、創造性を生かすもの、自営業、あるいは開発的、芸術的、転勤が多い、海外での仕事、新規開拓、飛込み営業、チャレンジングな仕事、自由裁量を十分に与えられる仕事で才能を生かすといいのではないでしょうか。向かないのは、細かい指示や管理される仕事、業務命令、ノルマに縛られる仕事、ルール重視で制約条件がある仕事などでしょう。以下に、仕事における才能、適合する仕事、適合する職業を列挙します。

《仕事の才能》

・開発的な才能（製品コンセプトの創出／製品開発アイデアの創出／イベント企画のアイデア創出）

・改革的な才能（改革後の全体像をイメージする／現状打破先発隊／チャレンジングな仕事）

・芸術的な才能（デザイン／色彩感覚／立体的・造形的な仕事／図解を多用する仕事）

《仕事の適合》

・新規開発系の仕事（製品開発／研究開発／新規事業開発／都市開発）

・広告、イベント系の仕事（イベントの企画／広告や番組プロデューサー／広告代理店）

・デザイン系の仕事（デザイナー／イラストレーター／カラーコーディネーター）

《適職》

販売自営業／コピーライター／探偵／インテリアデザイナー／コンセプトデザイナー　など

■カウンセリング後の結果（母親からのコメント）

長男自身がこのテストの結果に一番合点がいったようで、すごく納得して、何事も計画を立てながら頑張っているところです。「貧困で苦しむ人々のために、安価で簡単に取り入れられる栄養の研究をしたい」と張り切っています。

また、おかげで「ママは右脳の人だから」と私を理解してくれて優しくなり、「ありがとう」と感謝を口に出すようになりました。かつて長男と話しているると禅問答をしているようでしたが、感謝の言葉はこれまでなかったコミュニケーションなので、とても嬉しく思っています。今日も、弟の送り迎えに弱音を吐く夫に、私が「弱音を吐くのが早すぎる」と愚痴っていたら、「ママと違ってパパはストレス耐性が低いのだから、弱音を吐いてもいいじゃないの」とたしなめられました。

次男も、自分が気をつけなければいけないことを理解し、「注意しながらやりたいことに向かって頑張る」と言っていました。

脳のタイプを知ることで、双子でも全く逆の脳タイプの子どもたちのことが理解でき、私自身もとても気持ちが楽になりました。

■結果の解析

左脳2次元はマニュアルがあった方が、リラックスして自分の得意な分野で自己実現を果たすことができます。長男は、脳の使い方を知ることが人間関係や家族を理解するマニュアルになり、リラックスして自分の方向性を見つけ出しました。

〈3〉①職場での相性：左脳3次元（上司）vs 右脳2次元（部下）

■脳テストの結果

部下 20代		上司 30代
20	右脳３次元	16
34	右脳２次元	20
18	左脳３次元	46
27	左脳２次元	18
85	動物脳＋	50
70	動物脳−	25
50	人間脳	90
55	ストレス耐性	55

■上司（A先生）からの相談内容

部下（B先生）のへの対応で迷っています。最初は、体調が悪くて欠勤するのだと思っていましたが、しばらく様子を見ていると、具合が悪いときだけではなく、しないといけないことをまだしていないときに休むことがあるようにも見えます。たとえば、提出物があるなど、リーダーとして自分の責任でやらなければならないときに「体調を崩して出勤してきません」と電話で連絡してきます。最近は無断欠勤をしています。

理由を聞くと「気分が悪くなって電話ができなかった」とのこと。数日欠勤し、その間に他の社員がフォローして、やっと来られるということが繰り返し起こります。そのため周囲では、やっていないことによる欠勤であると思っています。

B先生と話をすると、「精神的にきている」ということもあれば、「体がきつくて」ということもありました。何か注意をすると次の日から来なくなったりします。何もアドバイスをしないと仕事の提出期限を守れないこともありました。そんな状況ではリーダーを続けさせられないのですが、今さらリーダーを辞めさせるとプライドを傷つけることになります。また、人手がないときに辞められても困るという事情もあり、どう対応していいか迷っています。

■カウンセリング

●B先生の脳の使い方の解析

B先生は若いためか、脳の使い方が2次元に偏っています。特徴は、物事を好き嫌いで判断することと選択肢の幅が狭くなりがちなことです。また、動物脳マイナスが高いので、耐えられないほどのストレスにさらされると、アルコールやギャンブルに依存する可能性があります。動物脳プラスも高いので、感情量が多いのでしょう。

左右の脳のバランスはいいので、本来リーダーには向いています。しかし、脳が有効に使われるには動物脳が安定していることが前提です。問題なのは、動物脳のマイナスが異常に高い、要するに感情のバランスをとりにくいこと。調子がいいときは問題がないのですが、感情が不安定になると暴走を止められなくなります。また、動物脳プラスが高いことも問題ですが、母親がとても厳格な方で、かつ、彼が母親を尊敬していると聞いたので、母親からの躾やその存在が動物脳プラスのブレーキになっていると思われます。

そう考えると問題は動物脳マイナスが高いことに限定されます。動物脳の暴走は攻撃か逃避になります。これは本能なので、頭で理解できていても抑制することは非常に困難といわれています。たとえば、提出すべき書類ができていないなど、自分がしないといけないことをまだしていないときに休むということは、逃避になります。

●B先生へのアドバイス

動物脳は、コマのようにくるくると調子よく回っているときは安定していますが、バランスを崩し始めるとどこにいくかわからないという特徴があります。崩れたバランスを戻すには、一旦静止してからもう一度回すしかありません。対策としては、瞑想、武道、人間学を学ぶことですが、まず現状を改善する必要があります。彼は右脳2次元主体なので、誰かが的確なアドバイスをすること、人間的な関係を構築することがあげられます。

①仕事上のアドバイス

書類の書き方を箇条書きにするなどして簡略化します。書くことに慣れるまで、彼に口頭で質問して、考えをまとめてあげてから目の前で書かせる、といった工夫をしてあげた方がいいと思われます。

また、日頃のストレスを軽減することも必要です。たとえば「あなたの考えは○○ということ？」と考えを言語化して示してあげたり、メモをとる習慣をつけさせたりします。簡単な数字や文字をシンボル化することは得意なはずですが、これは理解につながるとは限りません。自分の考えていることを文章にすることは苦手でも、観察したことを観察日記のように記す記録式だとできるでしょう。

②人間関係を構築する

動物脳マイナスが稀に見る高さなので、周囲が思っている以上に精神的に参っているはずです。じっくり話しを聞いてあげることが肝要です。その時に仕事の話だけではなく、人生について、どんな時が一番楽しかったか、一番苦しかったことは何だったか、さらには家族のことや将来についても聞いてあげるといいでしょう。

部下との信頼関係を結ぶには、右脳2次元が必要としている賞賛の言葉をかけ、「力になって欲しい」と頼ることが大事です。また、彼は左脳2次元も高いので、相談事を持ちかけるように建設的意見を求めてみてください。

③呼吸法で動物脳をコントロールする

動物脳マイナスの暴走を止めるには、帯状回の血流をよくし副交感神経を活発にすることです。「呼吸法はいいよ。やってみよう」と一日一回3分間、一緒にやってみてください。じつは何よりこれがB先生にとって最優先なのです。

■カウンセリング後のA先生よりの報告

勤務時間が違うときを除き、毎日一緒に瞑想をしています。最初は5分でしたが、ずいぶんと慣れてきて今は10分間しています。B先生も「瞑想をすると気持ちが落ち着く、すっきりする」と話しています。また瞑想の後に、ちょっとしたコミュニケーションをとるようにしています。仕事のことはもちろん、プライベートのことも話をしています。話をしているときの彼は、とてもイキイキとしています。彼は何か自信がないと、顔を触ったり、下を向いたりするクセがあります。でも、瞑想の後は、私の顔をしっかりと見て話ができています。そのことから、瞑想は彼にはとても合っていると感じとれます。

瞑想をし出してから、無断で休むことはなくなりました。しばらく一緒に瞑想を行いながら、様子を見ていくつもりです。脳の使い方を知るだけで、こんなにコミュニケーションが楽になることに驚いています。

先日の会議でも、彼は自分の意見をしっかりもって発言していました。その日の夜に少し話すと、自分がリーダーとして、どうスタッフに関わっていけばいいか悩んでいるところや、今意識していることなどが話に出てきました。本当に以前より前向きになったので、このまま彼の気持ちが安定して仕事ができるような環境づくりをしていければ、と思っています。脳の使い方を知ることは役に立つことがわかりました。

〈3〉②　職場での相性：右脳2次元（経営者）vs 右脳3次元（支店長）

■脳テストの結果

社員 40代		経営者 40代
38	右脳3次元	37
31	右脳2次元	44
15	左脳3次元	11
15	左脳2次元	7
75	動物脳＋	75
50	動物脳−	50
70	人間脳	85
70	ストレス耐性	70

■経営者からの相談内容

S社員は支店長です。先日話をしたのですが、彼は「仕事の荷が重い。このポジションは自分が望んでいるわけではなく、みんなが路頭に迷わないためにしている」というところから話が始まりました。私は「荷が重いのも理解できるし、大変な仕事ではあるけれど、君だからこそこのポジションに就いていて、それはみんなが望んでいる」ということを伝えました。

しかし、私の伝え方が十分でなかったせいか、彼の言葉にはプラスの要素は全くなく、どのように話を進めたらよいのかと、私自身も変な緊張感をもってしまい、むなしい疲れだけが残りました。

彼には、柱になっている中堅の部下が来年度、辞めてしまうかもしれないという不安もあるようでした。ただ、その部下も彼のとらえ方と似ているな、と感じました。彼が後ろ向きに考えているときの状況と似ていて、部下に伝染しているのではないか、と感じました。今のポジションを前向きに受けとめていないことが、無意識のうちに影響を与えているのではないかと思われました。

先日も彼が部下の前で話をする機会があったのですが、「これを社長からやるように言われたときには、嫌だな、できない、と思った。でも、どうせやるのであれば前向きにやろうと思い、そうすることでいろんな気付きがあった」という感じで話が始まりました。最終的には前向きになることでの気付きがあると伝えるのですが、出だしはマイナスの言葉でした。彼は何か事を起こすときにはマイナスから入る傾向があります。「大変」という気持ちが先に出ることを感じます。「わかりました。やりましょう」という前向きな反応のときもありますが、どちらかというと「嫌だけれど、やらないといけないよね～」という感じを醸し出すことの方が多いです。

じつは彼は離婚し、子育てもしなければならないので、様々なことを統括しなければならない支店長のポジションを嫌だと思うのでしょう。無意識に「自分自身も家庭のことがあって大変だし、部下にフォローしてもらっているのも悪いな」という気持ちを抱いていて、いろいろな仕事が発生することに耐えられなくなるのも理解はできます。しかし、支店長という立場にある現実では、言動や考え方の傾向は部下に大きな影響を与えます。部下も後ろ向きの話を聞いたときに、不安が先に立つのではないかと思います。それを部下に感じさせてしまっては、上に立つ自分が後々不利になってしまうのではないかとも心配しています。

彼にとって何がもっとも幸せなのでしょうか？　彼の成長のためには、今の状況でいいのでしょうか？

■S社員からの相談内容

私は社長の意見を素直に聞き入れることができませんでした。私は、自分を中心に全体を俯瞰し、周囲に影響を与えやすい右脳3次元の性格であることは重々承知しているし、変わりたいとも思っています。その努力もしているつもりです。人の話を一番に聞く。まずは聞く。これは心がけていることのひとつです。しかし、社長はその努力を認めてくれないというか、見てもいないのに、昔の私のままで評価していることに悲しくなりました。前の私だったら反論も少ししていましたが、今は声を出さず諦めることにしています。

先日も「意見の押し付けが強い」と指摘され、「じゃあ、こういうことですか?」といい返すと「そうじゃない。違う」といわれ、私は心の殻を閉じてしまいました。私の脳タイプが押し付けやすいと確信して、さらにいっているように見えたのです。しかし、その社長の対応から、私は部下にこういう気持ちを味あわせているのだと気づくこともできました。今は、社長の下で働いて嫌なのか? 楽しいのか? 何がなんだかわからなくなっています。

自分の損得よりも部下の幸せを一番に考えたい、部下を守りたい一心で、支店の現状を社長に伝えるのですが、いつもわかってもらえず悔しい思いをしています。「よその支店はいいのに」といわれても、自分の支店がOKになるのにはかなり時間がかかるのです。

■S社員へアドバイス

脳の使い方に優劣は全くないことを理解してください。私の友人で、全財産をボランティアに投じて活動をし、社会的にも評価されている〝日本のマザー・テレサ〟といわれているかたがいます。このかたは、Sさんよりも右脳3次元が圧倒的に高く、ストレス耐性は低く、動物脳マイナスは55です。でも彼女は、それまでの人生がとても困難で、ある日「人のために役立つ生き方に変える」と方向を転換しました。Aさんが自分のことをどう思っているかを考え、「Aさんの私に対する評価が低いな」と思った場合、「私のことを理解していないAさんの気持ちを理解し受け入れてあげる」という考え方に変わりました。これはまさに「下坐に生きる」という姿です。「坐」という文字は、人は土に上に同じ高さで並んで座っているという、魂の平等を表しています。平等ということは謙虚さです。右脳3次元の方が人間関係で辛くなったら、すぐ下坐に生きてください。

■カウンセリング後の結果（社長からのコメント）

彼の感情がブレる幅が小さくなったのを感じます。瞑想指導のおかげでしょう。彼は今、ちょうど変化の時を迎えているのかもしれず、これを乗り越えてくれたら、本当に素晴らしい幹部社員になるかと思っています。最近の彼は、以前よりも晴れ晴れとした雰囲気が出てきており、何か吹っ切れたような印象があります。私だったら動揺してしまうところもあるな～と、まだまだ修行の足りなさを感じた次第です。

〈4〉まとめ：脳テストをどう生かすか

脳テストを使ってカウンセリングに効果をあげている実例を紹介しました。なぜ我々のやっている脳テストが、仕事における人間関係の改善に有用なのか、説明してみます。

■脳で相性をみる理由

なぜ脳テストで相性がわかるのでしょうか。

人間の相性というのは、様々な判断をするときに、相手が自分の一番大事にしていることと一致した判断をしてくれるか、その判断が自分の脳に気持ちいいか、という面が大きいと私は考えています。

左脳が主体の人であれば、その判断が理屈に合っているかという点が自分にとって一番大事なことでしょうし、右脳が主体の人であれば、その判断が周囲の人にどう思われるか人間関係にもとづいたものが自分にとって一番大事なことになるでしょう。もし逆に、左脳主体の人が人間関係、右脳主体の人が理屈にもとづいて判断すると、自分にとって得意な脳を使っていないような、気持ちの悪い感覚になるでしょう。

仕事では、常に判断して決定することが求められます。毎回、相手が自分にとって気持ちの悪い判断をすると、相性が悪くなるのは当然です。逆に、自分の得意な脳の使い方に気持ちのいい判断を相手にしてもらうと、またその人に会って意見を聞きたいと思うものです。

脳テストで、その人が判断するときにどのような脳の使い方をするかがわかります。その脳の使い方、つまり脳のタイプが判断の主体である以上、相手の脳のタイプと照らし合わせてみると、相性がみえてくることになります。

第3章でも触れましたが、私の経験でこういうことがありました。部下に、右脳3次元主体と思われるA医師と左脳2次元主体と思われるB医師がいました。ふたりはそりが合わないようで、ある日大ゲンカをしたのですが、話を聞いてみると、お互いに相手を責めている内容が全く違う視点なのです。A医師はB医師より年上で、人間関係にもとづいた判断をしており、「もっと年上である自分を立てろ。おまえは後輩なのに生意気だ」という内容でした。B医師は理攻めであり、「A医師の医療の質が悪い。そんな医者のいうことは聞けない」という内容でした。これは、水と油のような、相性が悪いとしかいいようのない関係で、お互いの脳の使い方を改善しない限り、和解するのは難しいと思われました。結局、仕事での人間の相性は、脳のタイプの問題だと強く感じた経験です。

◎相手を理解して冷静にみることができる。

脳テストの一番大きな利点は、相手が理解しやすくなることです。カウンセリングの実例で紹介した通り、テストを受ける前は相手が何を考えているのかわからなかったものが、テストの結果から相手の脳の使い方がわかると、対処法もわかり関係が改善します。相手のことがよめず違和感があると、冷静になれずに感情的になりやすいものです。

脳からみた人間の相性は、前述したように「優」はほとんどありません。しかし、たとえ「不可」であっても、相手がわかって冷静に対処できれば、人間関係の破綻を避けることは可能です。

特に、仕事のように否応なしに相手と長時間付き合わざるをえない場合は、冷静さは必須になります。職場で一度大ゲンカすると、ケンカ両成敗で辞めざるをえなくなるかもしれません。かといって、妥協ばかりしていては、仕事で成果を出せません。相手の脳のタイプを知ることは、特に仕事において、強力な武器になります。

◎人間関係を改善する道筋もみえる。

相性がいい場合は無理することなく自然に付き合っていけばいいでしょう。相性が悪い場合にどうするかが問題になります。友人関係であればできるだけ近づかないようにすることもできますが、仕事上の付き合いや親子や兄弟であればそういうわけにもいきません。その場合には、意図的にうまくやっていくしかないでしょう。

第3章を読んで、ある程度相性がわかれば、第4章にある対処法が解決に役立ちます。また、相手が自分の意見をいえる部下などであれば、相手の脳をレベルアップするようにアドバイスをすれば関係も改善するでしょう。相手の脳のタイプにより対処法を変えることが、人間関係を改善する鍵になります。

◎自分の脳の成長につながる

相手の脳のタイプにより対処法を変えることが、人間関係を改善するのには大事ですが、もっと重要なことは、相性が悪い場合、それを自分の脳の使い方を改善するきっかけにすることです。相手を変えようとすると多くの場合、困難を伴います。しかし、自分が変わることが、相手が変わるきっかけになることはよくあります。たとえ相手が変わらなくても、相性が悪いことを自分が変わるきっかけにすれば、その後、別の人との関係もより良好にできるでしょう。

そういう意味で、人間関係は相手の問題というよりは、自分の問題ととらえた方が、脳の成長にとってプラスになることは間違いありません。論語に「三人寄れば必ずわが師あり」という言葉があります。相手の脳の使い方をみて自分に足りない脳の使い方を学ぶことで、それがたとえ反面教師でも、自分の成長につながる師とすることができます。

人間関係について脳テストを用いて科学的に確かめることで、自分の脳の成長に大きなプラスになると私は信じています。

◆カウンセリング受付

脳テストを用いたカウンセリングをご希望の方は、http://spoonsp.jimdo.com/ にてお申し込みいただけます。

あとがき

多くの人は「職場での人間関係は難しい」と考えているのではないでしょうか。私もそのひとりです。脳テストの結果が左脳3次元主体なので、それをみても人間関係があまり得意ではないことがわかります。しかし、苦手だと思っているからこそ、何か法則性がないかとずっと考えてきました。

私の経験や見聞きしてきた中で、相性が悪いのは何が原因かと考えてみると、相手の得体が知れないと思い、相手に違和感を抱き続けることが、人間関係が難しい、相性が悪いということにつながっています。自分と違っても尊敬できる面があればいいのですが、自分の大事にしている価値観からみて「ちょっと違うのではないかなぁ」という気持ちになると、どうしても離れていく、もしくは大ゲンカをすることになりかねません。

脳テストは、その難しい人間関係を改善するひとつの指針になると私は信じています。また、第5章で紹介した通り、カウンセリングにおいても、この脳テストを受けた人は納得度が高いためか、かなり成果があがっています。これから様々な分野にこの脳テストを広げていく予定ですが、今までにないような成果を出せるのではないかと期待しています。

ただし、注意すべきは、脳のタイプに優劣はないということです。すべての脳タイプが、社会や組織を構成し、それを活性化するのに必要です。この脳テストの解釈で大事なのは「それぞれの脳タイプに優劣はないが、得手不得手がある」ということです。

また、ひとつの脳タイプの中でも、レベルの高低があります。それは他の脳の部位を有効に使っているかどうかや自我の強さが関係すると私は考えています。大事なことは、レベルの高い方向へ向かう脳の成長を、途中で止めないことです。どこかで現状に満足したりあきらめたりすることが、脳の病気につながったり、社会的にうまくいかない原因となったりします。そういう意味では、脳は偉大なポテンシャルがあると同時に、残酷な面があります。

この本でも幕末の話をたくさん出してきましたが、長州藩と会津藩の勝敗を分けた最大のポイントは、前者が当時の体制からはみだしており、後者が体制側だった点ではないかと私は考えています。前者の「つぶされまい」と脳を使う必死さが、後者に勝ったのでしょう。長州藩は厳しい状況に追い込まれるたびに、若くて才能ある人をどんどん登用するなど、藩の体制を勝つための形に変えていきました。置かれた状況がより厳しかったため、より脳を、特に左脳を使ったといっていいでしょう。勝敗は結局脳の使い方が決める、といっても過言ではありません。

厳しい競争の中では脳、特に左脳をよく使っているかどうかが勝敗を分けますが、現代のように平和な時代には、周囲の人との人間関係が、より関心をもたれる問題になります。人間関係の基盤となる自分と相手の相性も、この本で述べた通り、脳の使い方が大きく関わってきます。

相手と自分の脳タイプを理解することで、得体がしれない、違和感があるという気持ちがかなり緩和されるでしょう。さらに、第3章で述べた各脳タイプの相性を確認し、第4章で述べた相性の改善法を実践していくことで、感情に流されることなく冷静に人間関係をみて改善していくことが可能になります。

究極の改善法は、自分の脳を成長させることです。第4章の後半でその道筋を述べました。自分の脳の成長を止めてはならず、むしろ厳しい状況、相性の悪い関係を、脳の成長に結びつけることが、その後の別の人間関係にもプラスに働くことは間違いないでしょう。

今後、脳テストを企業などで使ってもらい、さらに本書の内容を詳細に検討していく予定です。

この本を活用することで、仕事における人間関係が改善し、前向きに生きていくきっかけとして少しでも役立てば、著者として、これ以上の幸せはありません。

２０１３年10月　篠浦伸禎

篠浦伸禎

しのうら のぶさだ

1958年生まれ。東京大学医学部卒業後、富士脳障害研究所、東京大学医学部附属病院、茨城県立中央病院、都立荏原病院、国立国際医療センターなどで脳外科手術を行う。

1992年東京大学医学部の医学博士を取得。シンシナティ大学分子生物学部に留学。帰国後、国立国際医療センターなどに脳神経外科医として勤務。

2000年より都立駒込病院脳神経外科医長、2009年より同部長として勤務。脳の覚醒下手術ではトップクラスの実績。

主な著書に、『臨床脳外科医が語る 人生に勝つ脳』（技術評論社）、『脳にいい5つの習慣』（マキノ出版）、『脳神経外科医が実践するボケない生き方』（ディスカヴァー・トゥエンティワン）、『どんどん脳を使う』（エイチエス）他がある。

【相性は脳で決まる

左脳・右脳×2次元・3次元　仕事における人との相性を脳からみて改善していく方法】

初　刷 ―― 二〇一三年一一月二五日
著　者 ―― 篠浦伸禎
発行者 ―― 斉藤隆幸
発行所 ―― エイチエス株式会社
064-0822
札幌市中央区北2条西20丁目1-12 佐々木ビル
phone : 011.792.7130　fax : 011.613.3700
e-mail : info@hs-prj.jp　URL : www.hs-prj.jp
印刷・製本 ―― 中央精版印刷株式会社
乱丁・落丁はお取替えします。

ISBN978-4-903707-43-3